グローバル社会を歩く⑤

海士《あま》伝 隠岐に生きる

聞き書き 島の宝は、ひと

赤嶺 淳［監修］
阿部裕志・祖父江智壮［編］

JN272665

グローバル社会を歩く研究会

ふたたび20年後に語りあうために

赤嶺　淳

　6852。
日本列島を構成する島の数についての日本政府の公式見解である。[1] このうち、北海道、本州、四国、九州、沖縄島（いわゆる本島）をのぞく6847島を離島とよぶ。そのうち有人島は、わずか410島にすぎない。[2]

　本書は、そうした離島のひとつ、島根県隠岐郡中ノ島に暮らす人びと6名の、島の現在と未来にたくす想いを「聞き書き」したものである。

　隠岐郡を形成する隠岐諸島は4つの有人島と無数の無人島からなっている。[3] 有人島は島前《どうぜん》3島（西ノ島、中ノ島、知夫里島《ちぶりじま》）と島後《どうご》（隠岐の島）に大別され、それぞれが西ノ島町、海士町、知夫村、隠岐の島町を形成している［地図参照］。

　2012年10月末の海士町の総人口は、2332人（男1114、女1218）。このうち65歳以上の高齢者が39・3パーセントを占めている。2005年の国勢調査によれば、離島振興法の指定をうける110市町村・258島の平均高齢化率は32・9パーセントであった。当時の海士町の高齢化率は36・4パーセントで、3・2ポイントほど高いものの、財団法人日本離島センターが編纂する『離島統計年報』には高齢化率が50パーセント（つまり65歳人口が過半数）を超える離島もめずらしくないなか、海士町は健闘しているといってよい（ちなみに2005年国勢調査時の全国平均は20・1パーセント）。

　一般に高齢化率50パーセントは、冠婚葬祭など地域生活の維持が困難になる、いわゆる限界集落の目安とされてい

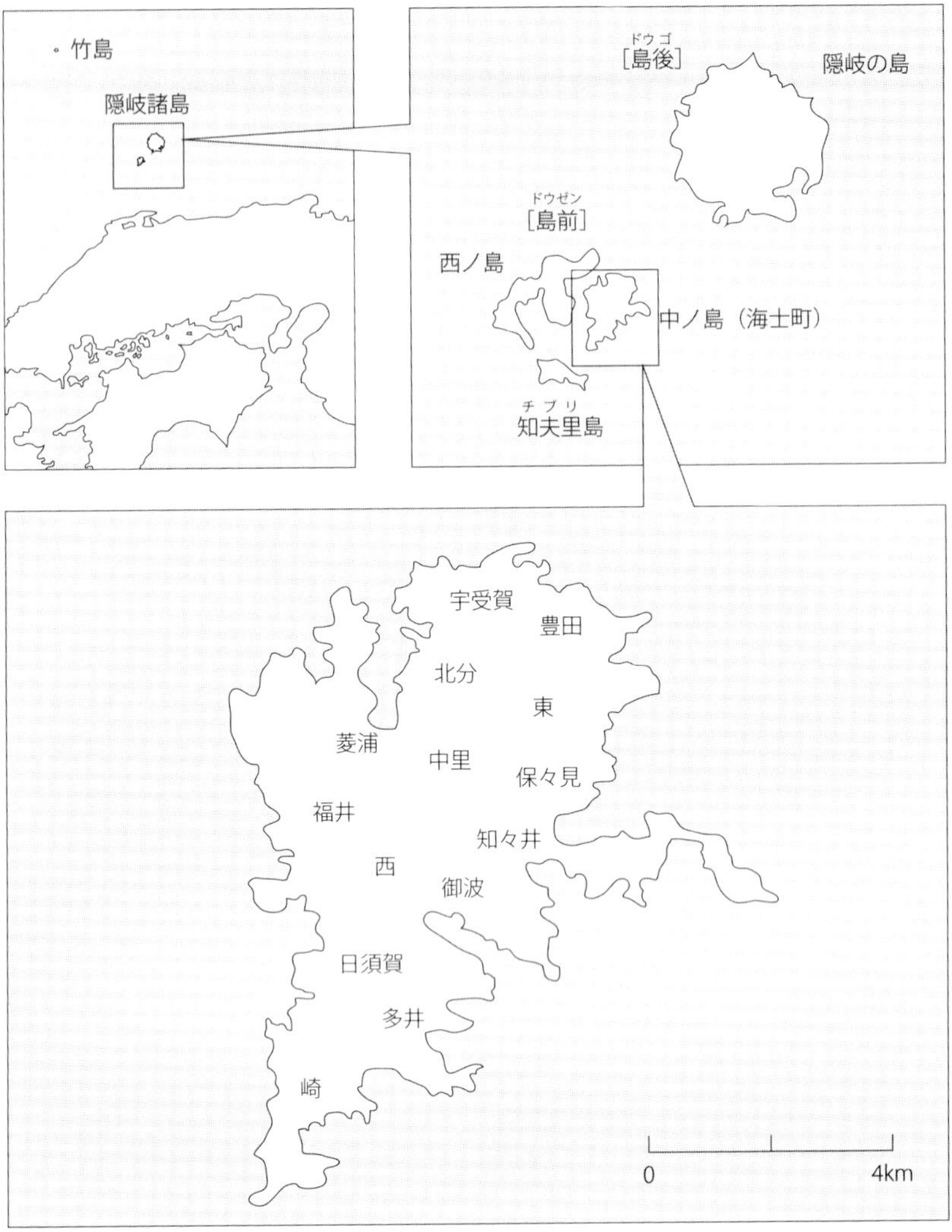

《本書に登場する場所》

菱浦《ひしうら》地区:県立隠岐島前高校（3章）、キンニャモニャセンター（4章）、桑本商店（5章）

豊田《とよだ》地区：豊田漁港（2章）

宇受賀《うづか》地区：隠岐窯（1章）

福井地区：CAS凍結センター（4章）

中里《なかざと》地区：海士町役場（4章、6章）

る。とはいえ、高齢化率が70パーセントを超える集落といえども、戦前に世界各地へ移民を輩出した山口県の沖家室《おきかむろ》島では、老人たちがインターネットを駆使し、島外へ移民としてでていった人びとをネットワーク化するだけではなく、全国の離島と離島とをつなごうとしているように[4]、いちがいに数字を根拠に過疎や限界集落などと断じるのは早計である。

同様に海士町も、離島ということばや統計からはうかがいえない魅力あふれる島嶼社会である。海士町については、すでにさまざまなメディアが紹介するように、Iターンの町として耳目をあつめている。地方で生まれ育った人が一度、都市で就労した後に、ふたたび故郷に戻って働くことをUターンとよぶのに対し、Iターンは、おもに都市で育った人びとが、故郷とはことなる地方で暮らす場合をさす[5]。

海士町には、Uターンはもとより、Iターンを集計した統計は存在しない。だが、2012年10月に海士町が町政の経営指針を示した『離島発！　地域再生への挑戦―最後尾から最先端へ』では、Iターンを2011年3月末の時点で218世帯330人、定着率7割と見積もり、「総人口では増えないが、活力人口が増えたことによって人口構成のバランスが良くなった」と総括している[6]。

海士町における15歳から64歳までの生産年齢人口およそ1200人の4人にひとりがIターンである事実は、同島の包容力を予感させてくれる。同時に本書が紹介するように（第4章、第5章）、海士町にはUターンも少なくなく、こうした島外の生活を経験してきた人びとが島づくりにそそぐエネルギーは想像するにあまりある。第1章に登場いただいた勇木史記さんが、交流会の席で「Iターンかどうかなんて訊かれるのは野暮。ぼくはマイ・ターン（my turn＝ぼくの番）というつもり」と語ってくれたことが、印象的であった。

＊＊＊

本書は、2012年8月6日から4泊5日で実施した名古屋市立大学人文社会学部の国内フィールドワーク実習の報告書である。調査実習の実施にあたっては、海士町を拠点に地域づくりを実践する株式会社巡の環にコーディネートをお願いした。その際、わたしと巡の環で考えた実習のコンセプトは、「本物志向の未来づくり」であった。

一般に個人史の聞き書きでは、長老と目される経験ゆたかな方に登壇いただくものであるが、今回は、高校3年生の増谷実香さんをはじめ（第3章）、最年長者でも40代前半の竹川浩治さん（1971年生まれ、第2章）と、おもに30代の話者に海士町で生きることについて語っていただいた。それは、あと20年後にわたしもふくめたみんなで「あぁ、そういえば、あの時はこんなこと考えてたんだなぁ」と20年前の現在《いま》をふりかえり、20年後の海士町の、そのまた将来を再展望してみたらおもしろいんじゃないか、と考えたためである。

1980年代後半から90年代初頭にかけてのバブル景気によって、日本列島は都会も田舎もすべからく乱開発を経験した。日本列島をずたずたに切り裂いたバブル経済が崩壊してから現在にいたる20年間にいたっては、「失われた20年」ともいわれ、政治も経済も確固たる方針も活路もみいだせないまま、ただ さまよっているのが現状である。第6章で渡辺祐一郎さんが指摘するように、右肩あがりの経済をおいもとめ、少子高齢化をネガティブにとらえるばかりではなく、少子高齢化を現実として受けとめ、それに適した経済と社会制度のモデルをみいだしていくべき時がきているのであろう。

今回の実習に参加した学生たちは、いずれも、その失われた20年に生まれ、生きてきたわけである。むろん、昨今の不景気にしろ、将来を見通せない不安定さは、学生たちの所為ではありえない。そうした学生たちにとって、過去の負の遺産を積極的にプラスに転換していこうとする海士町のいきおいは、新鮮であったにちがいない。

聞くところによると、海士町は風力発電をはじめとした再生可能エネルギーを活用し、電力の自給自足もめざしているという。たしかに小さいからこそ可能となることもあろうが、海士町をはじめとした今日の離島社会が模索するまちづくりは、将来の日本社会のあり方を先取りしたものだといえないだろうか。第1章で勇木さんがコンビニのデザートを贅沢だとふりかえっているように、わたしたちはコンビニに象徴される消費文明が追求する便利な生活を、うたがうことなく是としてきた。しかし、20年後の将来は、こうした消費文明がもたらすスマートな「そこにいければある」という安心感とはことなって、「ないものはない」現実をみすえ、「やってやれないことはない」とひらきなおり、みんなで知恵と労力をだしあう過程に充足感を味わう社会になっているかもしれない。

これからの20年は、まさに、わたしたちが一歩ずつ築いていくものである。わたしたちは、いかような社会を築いていこうとしているのか？　海士町は、そうした意味でも気になる存在であるし、海士の人びとに負けずに、わたしもひとりの個人として、充足感にみちあふれた幸福を追求していきたい。

［1］総務省統計局が発行する『第61回日本統計年鑑　平成24年』による。同年鑑では、島を海上保安庁が作成した2万5千分の1の海図を基本とし、海岸線が100メートル以上のものと定義している。

［2］『原色日本島図鑑』（加藤庸二、新星出版社、2011）による。同書は「日本の島433有人島全収録」と副題にかかげているものの、刊行時にすでに無人島化したものも掲載しているため、それらを除外した数字を採用した。なお、2011年4月現在、258の有人島が離島振興法による対策実施対象となっているが、同法が公布された1953年当時、まだ日本に返還されていなかった49島については、別途法律が存在する。すなわち、小笠原諸島振興開発特別措置法（1969年）指定地の2島、奄美群島振興開発特別措置法（1954年）に指定されている8島、沖縄振興特別措置法（1971年制定の沖縄振興特別措置法を2002年に廃止し、あらたに制定）に指定されている39島である。つまり、現在、「離島」という地理的条件から種々の補助の対象とされているのは、297島にのぼる。

［3］韓国が領有権を主張する竹島も、隠岐の島町に含まれている。隠岐の島町の竹島問題についての見解は、次のサイトを参照のこと。http://www.town.okinoshima.shimane.jp/takeshima/index.php

［4］佐野眞一、1997、『大往生の島』、文藝春秋社。

［5］類似の現象にJターンとよばれる、地方で生まれ育った人が、一度都市で働いたのち、故郷とはことなった地方に移住して働く現象もあるが、本書でIターンとJターンを区別せず、Iターンで統一することにする。

［6］『離島発！　地域再生への挑戦―最後尾から最先端へ』（海士町、2012）、7頁。

目次

装幀：犬塚勝一
ＤＴＰ：閏月社

表紙写真　豊田集落（撮影：赤嶺淳）
裏表紙写真　隠岐へ行こう（撮影：阿部朱音）
本扉写真　ないものはない（撮影：赤嶺淳）
第一部中扉　撮影：小山夏実
第二部中扉　撮影：林あかね
第四部中扉　撮影：仙石エミ

第一部　海士に飛びこむ

勇木《ゆうき》史記《ふみのり》さん

見えない挑戦

一九八〇（昭和五十五）年生まれ。広島県出身。高校時代までを広島で過ごしたのちに、奈良教育大学で美術を学ぶ過程で陶芸と出会う。同大学院修了後、信楽《しがらき》▼1の陶芸家の元に弟子入り。二〇〇五（平成十七）年に海士町にIターンし、現在は宇受賀《うづか》地区に工房「隠岐窯《おきがま》」を構えている。

▼1 信楽
滋賀県の南東（甲賀地方）にある町。陶磁器の信楽焼で有名である。

❖生い立ちと家族

ぼくは、生まれは、広島。高校卒業まで広島にいた。高校までは、ずっと家から通える距離の学校に通ってた。生まれたのは、広島市内らしいんだけど、そこで生活した記憶は全くなくて、東広島での生活しか覚えてない。両親は、仕事の関係でいまもずっと広島にいる。

うちの両親はね、筋を通す人っていう印象がある。「言ったことには、ちゃんと責任を持つ」っていうところはあったかもしれない。あと、人を喜ばせることが大好き。来てくれたお客さんに喜んでもらうために、自分たちを犠牲にしてでも、料理のことだったりとか、いろいろ考えながら、あの手この手で喜ばせてた。公務員なんだけど、根っこからそういうタイプだったんだろうね。人の喜ぶ姿を見るのが大好きみたいで、人といるときにはすごく楽しそう。両親の姿を見ながら、こんなことをずっと思ってた。

ぼくは、兄弟はいない。ただ、小学生のころは学童保育に行ってた。両親は共働きだったけど、カギっ子ではなく、学校帰りにそのままそこに通ってた。そこでは、お兄ちゃんとか、お姉ちゃんとか、そういった呼び方をしてたから、協調性とかは学ばせてもらった。

❖少年時代

とにかく小学生のときから、身体を動かすのが大好きで、毎日自転車に乗ってた。なんか自分に対して挑戦するとかいうのが大好きで、この階段降りたらこけて痛いだろうなーって思ったら、やりたくてしょうがなくなってるんだよね。そう思って階段降りると、やっぱりこけるけど、最終的に、階段降りれるようになるっていうのが、好きでね。とにかく身体ばっかし動かしてた。いまも、手に小学生のときにできた鉄棒の豆が残ってる。みんな信じてくれないんだけど、中学校になって鉄棒やってないのに、まだ豆があるね。豆がつぶれて、血だらけになってもやってたから。わかんないね、子どものときって。ぼくは一切、ゲームしたり、漫画読んだりしなかった。ほんとに自転車と鉄棒ばっかり。ゲームしとっても飽きちゃうんよね。

小さいときから、ものをつくったりするのも好きだった。とくにぼくらの時代ってさ、ミニ四駆▼2とか、ガンダムの全盛期みたいなとこがあって。ぼくは車が好きだったんで、ほんとに親には感謝だけど、プラモデルだけは、ものすごくいっぱい買ってもらった。小学生のときは、毎週一個はつくってたくらい。絵をかくことも好きだった。中古車の雑誌とか見て、好きな車をずっとかいてた。小学生

▼2　ミニ四駆　小型の動力付き自動車模型。一九八二（昭和五十七）年発売開始。二〇一二（平成二十四）年で販売三〇年を迎え、販売台数は、一億七千万台にも及び、日本で一番売れた自動車模型のシリーズ。

で中古車雑誌を買い求めてね。ほんとに、そういうのが好きだったなあ。一時はね、通り過ぎる車の名前、全部言いながら歩いてた。車の名前は、ほぼ九割くらいわかる。車とか、スピードとか、なんかスリルを感じるものが大好きだった。

そのころは、将来の夢っていったら、モトクロス[3]の選手だとか、トライアル[4]の選手だった。山越えたりとか、岩をポンポン跳びはねたりとか。ほかには、自転車の競技で、マウンテンバイクのダウンヒル[5]だとか、そんなんも、すごく好きだった。あと、ちょっと系統はちがうけど、車のドライバーなんかも興味があった。ダートトライアル[6]とか、パリダカ[7]とか、そういったことに目が向いてた。

もう少し成長して、中学生くらいになると、車と関われれば、いいなあと思ってね。それで思いついたのが、車が好きなことと、絵が好きなことを活かせる、車のデザイナーだった。だから、車のデザイナーになるために、数学だとか、物理だとか、そういったものをずっと勉強してた。全然デザイナーの世界のことは知らないくせにね。

でも、それを、少しずつほんとの夢にして、現実的にしていこうと思ったときには、なかなか踏ん切りがつかなかった。車じゃないとだめだし、デザインできないと意味ないしって考えてたら、自信なくなってきちゃって。だから人に聞かれれば、公務員って言ってた。親が公務員だっていう影響もすごくあった。自分もその道が素直だなって思ったし。高校時代の最後のほうまで、その辺をうろちょろうろちょろしてた。

❖第一の分岐点

高校生の最後のほうまでは、ほんと純理系って言われるようなところでやってたんだけど、やっぱり将来のこと考えたら、自分の興味あることとか、得意なこととか、好きなことをやりたいなってい

▼3　モトクロス
オートバイ競技の一つ。公道を走行する事のできないモトクロス競技専用車である「モトクロッサー」を用いて、未舗装のレース専用周回コースで順位を競う。

▼4　トライアル
設定されたコースを、オートバイに乗ったまま走り抜ける競技。

▼5　ダウンヒル
マウンテンバイクで下り坂だけのコースを走る自転車競技。

▼6　ダートトライアル
モータースポーツの一種。ダート路面（ぬかるみ地、砂利等）のサーキットで走行タイムを競う自動車競技。

▼7　パリダカ
一九七九（昭和五十四）

う思いが強くて。大学って、将来の方向性が決まってしまうとこだと思ってたし、小さいころからずっと絵をかくのが好きだったから、高校から大学へという分岐点で、変わるんならいましかないと思ってね。それで公務員で絵もかける職業ないかなって考えたら、美術の先生があるって思いついたんよね。将来は、先生しながら、美術のことも考えれたら最高だろうなって思って。

高校三年生の十二月の、センター試験一週間か、二週間くらい前かな？「あとは美術の勉強だけします」って宣言してね。そこから二週間くらい、絵をかいたりして、美術の勉強だけしてた。ほんと楽しくて仕方なかった。何年かかってでも、美術の先生になれる大学に入ってやろうという思いがあったんだけど、ためしに美術が学べる奈良の教育大学を受けたら、受かってしまって。受かるはずないって思ってたし、もともとちがう大学目指してたんで、どうしようか迷ったけど、小学校のときの修学旅行が奈良だったんよね。なんか憧れの場所みたいな記憶しかなくて、そこに住めるんかって思ったら、行きたくなってね。贅沢な選び方だと思う。

それで、大学生時代は、奈良で過ごした。その大学は、奈良の東大寺から歩いて五分から十分くらいのところにあって、シカが正門から学校のなかに入ってくるようなところだった。ははは。いやあ、すごい学校だった。四年制の教育大で、全学年で千人くらいだった。小規模で、アットホームなところが好きだった。ぼくはそこで、大学院まで六年間勉強した。

美術の先生になる決断をして、うちの母親はすごく喜んでた。やっぱり、ぼくがいままでやってきた、学校の授業とか、そういうところには喜びを得ることができずに、無気力だったしね。それが一番わかりやすいのがテストだよね。テストの結果がどんどん悪くなっていったりするからね、ははは。でも、やっぱりそんな単純なことで、まわりの人ってけっこうわかるから。母親は、やっぱりこの子は理系の勉強は好きじゃないなってことが、わかってただろうし。だから、「美術の先生がいい気が

年から毎年おこなわれているラリーレイド大会の代表的なもののひとつである「パリ・ダカールラリー」の略。フランスの首都パリからスタートし、セネガルの首都ダカールを終着点とする。現在ではコースが変更され、「ダカール・ラリー」が正式名称である。

する」ってぼくが話したときは、「似合ってると思う」って後押ししてくれた。美術の先生を思いついたときに、それまでの自分がうそみたいに、喜んだし、やりたいって思ったんよね。それが伝わったんかな。いまになって思うと、母親が「似合ってるよ」って言ったなかには、「やりたいことがあるんだったら応援するよ」っていう意味のほうが強かったような気がする。もしほかのことを言っても、「似合ってる」って言ってたかもしれんよね。結局、あのころは理系や文系がどうのとかいう前に、ただテストが嫌いだったんだって、いまになってわかった。

ほんと、あのころはいまとちがって、これで終わりなんだっていうゴールを、自分で勝手に決めたがってた。じゃけん、向上心があんまりなかったんだよね。やれたら、まあこのくらいでいいかなってところで、見切りをつけてしまってた。飽きやすいっていうか、根性がなかったんだよね、ははは。

❖陶芸との出会いと衝撃

とりあえず美術の先生になるための大学に入学したものの、まだ陶芸をやろうとは全然考えてなかった。それまでは、陶芸をできるっていうことも知らなくて、知ったのは大学入ってからだった。ずっと、油絵がかけると思ってたから。大学に入る前は、油絵をかくために、風景画かいたり、そういう練習をしておこうと思ってたんだけど、ふた開けてみると、大学に油絵をかく授業がなくてね。ははは。「油絵ができないなら、これは何に向かうべきかな」と思ってたところに、陶芸の授業があってね。ちょうどカリキュラム編成で、授業が変わった年にぼくらが入ったんだよね。

陶芸と出会った衝撃は、大学進学のときに、美術の先生になる道を選んだのと同じくらい重要な転機になった。陶芸は、おもしろかったね。自分がつくったものが窯から出てきたときは、ものすごいうれしかった。言ってみればさ、自分の力ではどうしようもない世界でしょ？　千二百度以上まで上げて焼くっていう世界は。自分のものがそこまでの力を加えて、すごい魅力的な姿でかえってきたように見えたんよね。「あ、これは、自分ではどうしようもない力を付け加えてもらったなあ」って思って。いままでだったら、絵をかいたり、色を塗るっていうのは、けっこう自分の意思で決めれた。だけど、窯に入れて、温度を上げるってことで、見たこともない姿になるっていう衝撃があったなあ。

大学時代の作品は、いまでも保管してる。やっぱり力を込めてつくってたんで、そのなかの何個か、これだっていう思い入れのあるものは残してる。たまに振り返って、見直したりしてる。たとえば、自分がいまやってることがうまくいったときとかに、あえて見るようにしてる。だめなときの助けじゃなくて、うまくいったときに、「初心からずれてないか」とか、「あのころの楽しかった思いは、まだ生きてるんだろうか」っていうことを確認するために、むかしの作品といまの作品を比較してる。おんなじ気持ちでつくることができてたら、「あーよかった」とか思ったりして。

❖陶芸家になるまでの葛藤

大学の四年生くらいのときには、「もうちょっと陶芸やりたいな」っていう思いと、「陶芸と教育とを結びつけるような勉強をもうちょっとしたいな」っていう思いがあったんで、大学院に行くことにした。そのときは純粋に勉強したいなっていう気持ちで、大学院へ行くってことをまわりには説明してた。

大学院一年、二年のときは、陶芸と、大学の先生との距離がとても近くなったっていう環境が、ものすごく居心地よかった。好きな陶芸もやらせてもらえるし、わからないことがあったら先生に相談できるし。大学院のなかでは、守られた立場で、自分が王様にでもなった気分で、陶芸をすることができる。それがすごい居心地よかったんだけど、その反面、欲が出てしまったというか、自分の力でもやりたいなっていう気持ちが芽生え出したのもそこら辺だった。守られた立場じゃなくて、自分の力でどこまで勝負できるのかなっていう気持ちになりはじめた。それから、本格的に陶芸家になることを意識しはじめた。

そう意識し出すまでには、まずは、自分の気持ちに素直になってみたっていうのが、ひとつの過程かなあ。もう「好きで好きで好きで」っていう気持ちがつづいて、それに素直に乗っかっていった。素直になるってことはすごい単純なんだけども、自分の気持ちに嘘をつかなかったっていうのが、陶芸家になれたひとつのきっかけかもしれない。

先生になるか、陶芸家になるかの葛藤っていうのも、すごくあった。陶芸家っていう職業についてはあんまり知らなかったけど、先生っていう職業についでは、実習とか行ってだいぶわかってたから。自分は、わからない道に進んでいくほうが好きだけど、それで世間は認めてくれるのかなっていう思いがすごくあった。

やっぱ見えないっていうのはこわいよね。だいたいの職業っていうのは、その先が見えてるよね。見えないんだろうけども、見えてる気にはなるよね。だけども、ぼくが目指したところっていうのはほんとに見えない世界だったから、ほんとに人を納得させるためにどうしようかなあって。自分がやりたいって言っとるだけで、人は「お前そんなん無理だよ」って言うのがオチだから、どうやってやれば人が納得するかなってことは常々考えてた。

❖弟子入り時代

結局、大学時代にそういうもどかしさがあったんだけど、やきものやりたいっていう思いが強かったから、まず自分の力でやるための第一歩として、大学院を修了してすぐに弟子入りした。そこで五年間くらいがんばろうと思って。それが、人を納得させるための、一番わかりやすいやり方だと思ったから。これがまた、いい師匠のもとに入らしてもらったんだけど、それがね、二週間ぐらいで終わっちゃってね。

弟子入りしたのが、滋賀県の信楽っていう、むかしからのやきものの産地。そこら辺は琵琶湖があるんで、土が豊富な場所。そこで修業してたんだけど、大変だったんよね。その先生が厳しい人で、毎日掃除とかばっかりしとった。まさにテレビとかでよく見る世界だった。「よし、これを乗り越えてやれ」って思ったよ。

でも、ひとりの時間が多いし、いろいろなことを考える時間もある。そこで、ちょっと今後のこと考えたときに、純粋に、感覚的にパッと海の香りが頭に思い浮かんだ。修業していた場所が山に囲まれていたから、海で泳ぎたいなとか、潜りたいなとか、ちょっと釣りでもしたいなって思って最初は、休憩でももらっていつか行けたらいいなっていうような思いだったんだけど。

でも修業をしているうちに、「いや、待てよ。これは簡単な話だ」って気づいたことがあって。実際に弟子を出たら、海が見えるところでやればいいじゃないかと。信楽とか、やきものの産地にこだわるんじゃなくて、やっぱり自分がやりたいと思うとこでやればいいじゃないかってことに気づいたんよね。修業をはじめてから、こんな考えにいたるまでには、一週間くらいかかったね。「この生活五年間やったらすごいことになるな。よし、修業が終わったら、海の見えるところへ行ってやれ」って思ってた。そうやって考えた結果の行き先が、海士だった。

❖思い出の海

なんで海を思い浮かべたかっていうと、この海士には、うちの父方のおばあさんが住んでるんよ。

写真一：本土から隠岐の島へ向かうフェリーしらしまの二等室内の様子（撮影：阿部朱音）

だから、ぼくは小さい頃からこの島にはすごく縁があって、里帰りで夏とかに帰ってきてた。物心つくぐらいのときから、何十回も。それで、海の楽しさっていうのをものすごく知ってたんやね。

一番最初に来たときの海士は、ほんと、別世界っていう印象だった。遊園地にでも来たかのような。だってこっちに来たら、目の前は海だし、潜れば貝みたいなものが獲れちゃうし、魚も釣れる。水中眼鏡をつけて海を覗くだけでも、楽しくてしょうがない。もう、夏休み入ったら、海士に遊びに行けるってわかってたから、毎回わくわくしてた。夏には必ず来てたし、来たくてしょうがなくて、「今年はいつ行くのー？」とか言ってた。そのころは、そこら辺のプールなんか、金払って何が楽しいんかなって思ってた。流れるプールもあるけど、海士の海とは楽しさのレベルがちがう気がして。やっぱり海士の海はものすごいきれいで、雄大でしょ。

当時も、フェリーは七類《しちるい》と境港▼8から出てた。すごく長旅なんだけども、乗客室で寝たことがなかった。むかしのフェリーおきじ▼9とかっちゅうのはね、客室から出て、なんかプライベートベンチみたいなのが何ヵ所かあるんだよね。そこを陣取ってね、うちの父親と、海を見てトビウオ探したりとかしてた。あのころは、客室で寝る▼10人の気持ちがわからんかった。「もったいない、なんでトビウオ探さんのだ」とか思ってね。

❖まわりの支え

ほんとに海が好きで、海士でやりたいっていうことを、そのときの師匠に雑談で話したんだ。そしたら、数日後に呼ばれて、「お前さん、海士に行きたいんだったら、もう行ってしまえばいい」っておっしゃった。でも、その当時、師匠はぼくの救いの存在だったし、これからの生き方にすごく大事なことを教えてくださる人で、尊敬してたから、弟子を出たくなかったんよね。これからが勉強だと思ってたし、ずっとおりたいくらいだった。それなのに二週間くらいたって、「もう海士でやりなさい」とか言われて。「あれ？　話がちがうぞ。これはまずいことになったな」と思って、奈良の先生にその話したら、先生も「やー、それいいことだなあ」っておっしゃった。「何も知らんとこから、いちからやりなさい」ってね。「これは参った」って思って、今度は、そのときの彼女（現在の奥さん）に「ちょっとこんなことになったけども、いずれは結婚も考えてるし、お前何ができる？」って言ったら、「あんたはね、夢見とったらいいわ。わたしが現実見たる」って言われて。「あれ？　もしかして、意外とぼくだけビビってたのかなあ」って思ったよ。

ほんと、奈良の先生の存在が大きくて、信楽の師匠のところに弟子入りするときに、「師匠が黒と

▼8　七類と境港
七類は、島根県松江市美保関町にある地方港湾。境港は、鳥取県大正町にある地方港湾。本土と隠岐諸島を結ぶ定期船の発着点となっている。

▼9　フェリーおきじ
一九八〇（昭和五十五）年就航に二〇〇四（平成十六）年まで運行していた。

▼10　客室で寝る
本土から隠岐の島に向かうフェリーは、特別室、特等室（ラウンジ、洋室、和室）、一等室、特別二等室、二等室に分かれている。客室では、ほとんどの乗客が横になっている。とくに、冬の期間は波が大きく、横にならないと安定しない。（写真一参照）

言ったら、黒や。運命共同体みたいなもんや」って送り出してくれたからね。「出なさい！」って言われたら、出んわけにもいかなくて。「いやーこれ参ったなあ、嫌われたのかな」って思ったんだけど、そうじゃなくて、信楽の師匠は、「とにかくまずは五年間、地盤固めをしなさい」っておっしゃった。「彼女っていう関係に甘えるんじゃなくて、結婚しなさい」、「結局教えることなんてないんだ。とにかくやきものができたら見てあげるから」って。正直ぼくは、「そのあとのレールまで師匠につくってもらえればなあ」くらいに思ってたけど、全部壊されたよね。ははは。レールは外されるし、轍はなくなるし。そんなこんなで独立っていう形になった。

海士に住むおばあちゃんには、「やきものをやる」ってことだけは言ったけど、海士でやるってことはあんまり言わなかった。でも、やっぱり両親の反対はあった。「どうやって食ってくんや」ってことを言われた。もちろん両親は、海士のことを知ってるから、仕事のこととかもわかってただろうしね。バイトなんかないから、コンビニで働きますなんて贅沢な話はない。海士では仕事なんてなかなかないから、不安もあっただろうし。さらには、「そこで結婚してやります」なんて言ってるもんだから、「お前がやりたい気持ちはわかるけども、どうやって彼女と生きていくんや」っていうことで、やっぱりすごい反対された。

ぼくにとって師匠の存在っていうのは大きくて、親以上の存在ぐらいに思っていたから、親の縁なんか切ってやれっていう気持ちがあった。だから、「ああそうか、なんでもやってやるわ」って歯向かってね。そしたら、向こうも「好きにしたらいい」っていうような話だった。はじめてだったね、父親とそういうやりとりをしたのは。

でも、そんなやりとりも、一日で終わった。次の日に父親が、島根の陶芸家の資料をドサッと渡してきてね。「これ参考になるかもしれんけん、ちょっとこれお前見ときなさい」って言いながら。やっぱり、できるとかできんとかじゃなくて、本気っていう姿が伝わった瞬間なのかなあ。「ぼくも、ちょっと焦りすぎてるかもしれんなあ」って反省した。そのあとは、両親と向き合って素直に話ができた。最初は縁なんか切ってやろうってくらいの気持ちだったけど、家族っちゅうのは、そんな甘いもんじゃない。家族っちゅうんは、そこら辺の友情とはわけがちがうな。やっぱり、親が数倍上だった。

そうなったら、奥さんの両親もやっぱり同じ気持ちでおるから、いつかは理解してもらおうっていう気持ちしかなかった。結婚前は、奥さんの両親とはほとんど話はできなかったんだけどね。やっぱり、なかなかこっちも話せることなんてないし、向こうも聞くことはないし。でも、「いつかは見返してやる」、「いつかは恩返ししたる」っていう気持ちが、ぼくの励みになった。奥さんもそうだったと思う。悪いことしとるわけじゃないのに、認められてないっていうことを、逆に自分たちの原動力にしていけるように、ただがむしゃらになってた。

❖海士で暮らしはじめて

こっちに住みはじめて、すでに七年ぐらい経った。二〇〇五（平成十七）年九月に引っ越してきて、この島で、奥さんと入籍させてもらった。海士では結婚祝い金[11]っていうのをいただけるんだけども、その祝い金をいただいて、もうほんとにいちからやりはじめた。

最初は、ここじゃなくて、町営のリニューアル住宅[12]に住ましてもらった。場所的には、ほんと役場のすぐ近くで、人通りの多いところだった。海士でも静かなところじゃなくてこういった賑やかなところがあるっていうのは、そこでわかった。

海士で暮らしてみると、本土とこっちのちがいっていうのを、ほんとに新鮮に感じた。それまでは

▼11　結婚祝い金
結婚後、海士町に在住し、引き続き定住の意思を持つ者に対して、一組十万円が支給される。

▼12　リニューアル住宅
島根県が、人口減少に歯止めをかけるために一九九二（平成四）年に発足した、ふるさと島根県定住財団による定住政策のひとつ。定住促進住宅とも呼ばれる。UターンやIターンをしてきた人が長期に住むための住環境の整備などをしている。海士町では、二〇〇四（平成十六）年から二〇〇九（平成二十一）年までに新築三十九戸、空き家リニューアル二十八戸が整備された。（財）ふるさと島根県定住財団「平成二十一年度事業計画（総括）」を参照。

ずっと本土にいたから、自分で住んでるところの魅力なんてのも、ほとんど感じてなかったし。こっちに来て、本土のことがすごくよくわかるから。たとえば、食でいえば、「コンビニのデザートって、こんなに贅沢だったんだ」っていうこととか。そういうことって、それまで気づいたことなかったんやね。それこそこっちに来て、見たことないものを見るような新鮮さを、また味わうことができた。じゃけん、「この島に来てよかったな」っていうのは、そういうときに感じてた。

奥さんは、入籍した日がはじめての海士だった。ぼくも、彼女のことは、ほんとすごいなあと思ってる。結婚して海士に来るまで、とにかく海が青いとか、夏は泳がんといけんとか、いいことしか伝えてなかったやんね。そんなこんなで、ちょっと船乗って来て、その足でそのまま役場に行って、結婚届だけ出した。一旦はまた荷物の引っ越しだとかで、本土に戻ったんだけど。

奥さんも、やっぱり最初のうちはけっこう戸惑いがあったと思う。コンビニはないし、店は早く閉まるし、魚なんてパックしか見たことないような人間だったし。家で、ムカデなんかも平気で出てきとったけど、最初は、そんなん見たらもう倒れるんじゃないかなって感じだった。そんなこんなで過ごしてるうちに、だんだん奥さんもムカデがこわくなくなってきて、いまはもう、火鋏《ひばさみ》で掴んじゃうよ。女性ってすごいね。やっぱり環境に慣れていく。

奥さんは、海士に来て三日後ぐらいには働いてた。最初は、中学校の事務の仕事をしてた。たまたま産休の人がおって、その人の交代みたいな感じで。だから運がよかったんやね。いろんなとこで運がよかった。

ぼくも、海士に来てすぐに、役場で仕事をさせてもらった。ぼくは、最初に、やきものっていうことばは一切出さずに、非常勤なんだけども、役場の臨時職員を定時でやらしてもらって。八時半から五時十五分ぐらいまでかな。これを、半年ぐらいやってた。そのあとに、今度は中学校の美術の講師をやらせてもらった。海士中、西ノ島中、知夫《ちぶ》中、それぞれの島に一校ずつあって、島三つ通ってた。週三日ぐらい、ぐるぐるぐるぐる。それが何年かつづいて、いまは中学校は全部やめて島にある高校だけ。二、三年くらい前から、島前《どうぜん》高校っていう高校の、工芸っていう授業と、陶芸創造っていう授業を担当している。これは両方とも、新しく新設されたカリキュラムで、週一回だけやってる。だから、常にどこかで、何かしら公的なものと関わってる。どんどんその日数は少なくしていって、いまようやく週一回になった。多いときは、週三、四回ぐらい、びっちりやったりしたけど、いまはなるべく、一日で全部終わるようにはしてる。一時間目から四時間目まで、ぶっつづけで入れてもらったりとかして。それで、空いた時間でやきものをやっていこうって決めた。

陶芸をやるのは、普段は丸一日。平日、高校で教える授業のないときに、朝から晩までやる。だいたい子どもを保育園に見送ってから。じゃけん、ぼくの生活スタイルは、いまのところ、基本的にうちの奥さんの生活スタイルになるべく合わせようと思ってる。奥さんは土日が休みだから。ぼくも土日は畑仕事、庭仕事をして、平日は陶芸をやるっていうふうにわけようかなって。じゃないと、毎日陶芸やることになるから、やっぱりどこかでメリハリがいるかなと思って。

ひとつのやきものが完成するのに、だいたい一ヵ月半かかる。もともとは生の土だから、それを焼くっていうところまでもっていくとなると、やっぱり時間がかかる。土を掘るところから、それをいろいろ精製したりとか、そういうの含めるともうちょっと時間かかるけど。

やきもの以外は、畑仕事とか、庭仕事をしていることが多いかな。管理が大変でね。あとは、釣りをしたりする。これは日課というか、生活の一部になっていて、時間があるときには、けっこうやってる。毎回同じ場所じゃなくて、どこでもやる。釣れる魚がそれぞれちがうし、風の向きとか、雰囲気で、ここにしようかな、あそこにしようかな、って場所を決めてる。

❖無理をするのは、やきものだけ

ぼくは、この島に来ても、島の人との距離とかは、気にしないようにしてた。要するに、無理はしたくない。無理をするのは、やきもののことだけにしようって決めてた。もし、海士というコミュニティのなかで、人に溶け込むのが大事だって言われたとしても、自分はできる限りのことだけをやっていこうと思ってた。率先して町のなかに溶け込むなんてことは一切考えてなかった。たとえば、地下《ぢげ》掃除という、自分たちの地区の掃除とか、海岸清掃とか、祭りのことだとか、要するに、自分が頼りにされることに関しては率先して動いていこうっていう気持ちはあったけど、普段は、挨拶さえできればいいって思ってた。じゃけん、海士のコミュニティについては、よくわからない。ぼくはそのなかに全然入り込んでないから。みなさんがどんだけの距離感でつきあってるとか、まったくわかんなくて。逆にほかの人たちから見れば、変わりもんぐらいに思われとるかもしれないけど。

無理しちゃいかんっていうことは、すごく思ってた。奥さんにもそうやって話していた。二週間とかで帰る世界とはちがって、もう海士での生活を一生だと思ってるわけだから。最初に勢いづいて一生懸命やったところで、疲れるだけだと思ってたし。とくに、こんな特殊な職業に就いたんだから。「何年かあとに、ひとりでもわかってくれればいい。それまではほんと何を言われても、なんなら耳塞いでもいい。とにかく耐え抜いてやろう」と思って。率先して自分たちから売り込むようなことは、したくないって考えてたから。だれかたまに見てくれる人がおったときに、その人に自分の思いみたいなものを伝えることはあったんだけど、日常的に、自分陶芸でこんなことしてます、とか売り込みってことはしない。やるとすれば、頼られる掃除をしたりだとか、綱引き大会だとかイベント事で出れるところに参加するという感じだった。

❖海士は、ひとつの拠点

たしかに、はじめから海士では陶芸家やるって決めてたんだけども、陶芸家らしいことができたのも何年か経ってからであって、最初はなんでもやろうって考えてた。

宇受賀[13]へ引っ越す前は、隠岐神社っていうところの近くに、老人クラブの持ってる窯があって、そこを使わせてもらってた。いまはもうなくなってるんだけど、そこで窯をたいたりさしてもらって。それと、前住んでた家（町営住宅）にビニールシートをバーッて張って、それを使ったりしてた。あと、町の体験施設に、やきもの専用の窯があるんだけど、そこでやらせてもらったりとかもしてた。

この家を購入することは即決したよ。二〇〇七（平成一九）年くらいに、「土地が空いたから買いませんか？」っていう話があって、一週間くらいで決めた。もともと、この家が町のホームページとかにも出てたから、こっちに来る前から知ってたんだけど、いい話だなあと思って、すぐ決めた。

最初はトイレとかもなかったよ。どうしようかっていう話もあったけど、「トイレなんて関係ないじゃん。そんなもんどこでもできる」って言い張ってた。でも、女の人はそうはいかんね。やっぱり、それを見かねた人がおるんやね。ぼくの知らないところで、「ちょっとトイレくらいは」って言って動いてくれる人がね。「やっぱやるんだったら、環境をよくしなさい」って言われてね。それで、ちゃんとトイレができた。ぼくはもう、ずっと「そんなん一切いらん。とにかく土地さえあればいいわ」って言い切ってたけど、「やっぱそれじゃいかんだろ」っていろんな人が手助けしてくれるようになった。不思議だよね、これって。自分からは、全然求めてないのにね。いつかはお返ししようっていうような思いでいる。

やっぱり、贅沢なことをさせてもらってるなあって思ってるし、そのなかで手に入れたものってい

▼13　宇受賀
地図参照。

うのは、やっぱり財産だから。お金とかが財産じゃなくてね、この環境すべてが、財産。その財産っていうのが、自分を自信へと導いてくれとるんで。こういった家っていうのは守りつづけたいって思うし、海士は、ひとつの拠点としていきたい。

❖都会への勝負

普段は、作品を売ることはやってるんだけども、いわゆる、ギャラリーに並べるとか、そういうことは全然やってない。いま七年目なんだけど、とにかく最初の五年間は売らないって思ってたくらい。信楽の師匠が「地盤固めして来い」って言うもんだから、それを真に受けてるし、「地盤固めの人間がなんで商売しとるんや」ってことになると、自分で格好がつかん。だから、売るっていうのは一切したくなかった。もうその間はとにかくヒモでもなんでもいいから、うちの奥さんに養ってもらってでも、その間に、とにかく自分の思うものをつくるってことに専念してた。

その五年間が過ぎた段階で少しずつ、やっぱり陶芸家として、プロとして、何か売っていこうと考えはじめた。ぼくが好きな作家の作品が置いているギャラリーのところに、アポもとらずに直接持ってって、怪しまれながらも、自分を売り込んでみたりとかしてね。陶芸家として扱ってほしいとかじゃなくて、「俺はこんな生き方しとる」って見せつけるような売り込みをしてた。生意気にもね。でも、売り込みのときに関わった人とは、いまでも信頼関係にあるし、いろいろと勉強させてもらってる。売るほうの立場の人とつくるほうの立場の人なんやけど、そんな垣根なんか一切ない。一緒に温泉入りにいったりね。そういった、商売の関係だけじゃない、人としてのつながりを、この二年間くらい、すごく大事に考えてる。

やきものが好きっていう人がおれば、完全なオーダーメイドみたいに、どんなものがいいんです

写真二：「隠岐灰釉茶碗」勇木史記作（提供：勇木史記）

か？っていう話からはじまって、その人の好みを聞いてつくってる。楽だよね、どんな作品を求めているかを聞くほうが。変なプレッシャーもないし、こんなものが求められてるんだっていうことがわかる。使いやすさっていうのは、使ってる人のほうがわかってると思うから。その人にいっぱい聞いて、こういうものがいいんだなあって、こっちが逆に勉強させてもらってる。

師匠から、こんな話を聞いたことがあるんだ。ある人と、やきものの作品を見ながら話をしているときに、「この作品いいですね」って師匠が言ったんだ。そしたら、その人が「この作品は、むかし、あなたから買ったんですよ」って答えて。師匠はびっくりしてしまったんだって。「自分は、こんないい作品つくってないぞー」ってね。こういうのが理想だよね。つまり、自分がつくった作品が、実際に使われることで、成長していってほしい。作品は、使われてなんぼです。ぼくと使い手の対話が、作品を通じておこなわれるんです。

二〇一三年十一月には、京都で個展を開く予定。[▼14] やっぱり、自分がつくったものを、それで終わりにしてると、だれからも評価をうけない、ただの趣味で終わってしまう世界かなあと思ってる。本気でものづくりをする以上は、誰かに評価し

▼14　京都で個展を開く予定
白沙村荘橋本関雪記念館にて開催される。

てもらわないといけないって考えてるから。

いろんなやきものを集めて、審査員が評価するような公募展には、何年か前から出品しはじめた。松江市だったら、松平《まつだいら》不昧《ふまい》公の意思を継いで建設された田部《たなべ》美術館▼15というところがあるんだけど、そこは、すごく趣がある。そういうところが主催してる公募展に出品して、受かったり落ちたりしながら、いろんな人に見てもらうっていう勉強を少しずつはじめた。

どうせ受かるんだったら、自分の信念で受かりたいし、この島のものだけでつくって、それで勝負してみようっていう思いがある。それで、土もそうだし、上薬もそうだし、ここの材料だけでつくった「隠岐灰釉《かいゆう》茶碗」という作品が、『茶の湯の造形展』っていう公募展で入選することができて。（写真二参照）そのときはうれしかった。この島自体も認められた気がしたし、自分も認められた気がした。その公募展っていうのは、備前《びぜん》とか、丹波《たんば》とか、萩《はぎ》とか、砥部《とべ》とか、いろんなやきもの産地の方々が活躍されてるようなところで、陶芸家の登竜門って言われとる。六十歳前後までの陶芸家さんが勝負してくるようなところなんだよね。そのなかで、隠岐っていう名前が出せたっていうのは、ものすごい意味のあることだし、価値もあるよね。

❖入選したときの喜び

はじめてそうやって「入選」って書いてあるのを見たときは、「うわー！　すげー！　やったー！」って思った。こんなに喜びを実感することは、なかなかない。それで気づいたよね、その「うわー！」って喜んでる姿っていうのは、子どものころに海士に来て、喜んだときと感覚が同じなんだよね。「うわー！　すげー！　やったー！」っていう喜びが、ただ形を変えて表現されてるだけ。じゃけん、ダートトライアルとか、ダウンヒルとか、いろいろ子どものころ好きだったことと、いま、同じ気持

▼15　田部美術館
松平不昧は、一七五一（寛延四年、宝暦元年）年、江戸に生まれた。十七歳で出雲松江藩の七代目藩主となる。十八歳で茶道に入門し、十九歳で禅の道に入ることになり、のちに不昧流茶道を大成することになる。田辺美術館には、松平不昧の愛蔵品をはじめ、自作の品や御好み道具、楽山焼・布志名焼など、郷土の工芸品が展示してある。

ちでものづくりを、やってるんじゃないかなあ。最初に思い描いてた夢と、形がちがうっていうだけ。それに気づいたときに、「あーよかった」って思った。あるでしょ？　子どものころの気持ちって。それを高校生とか大学生のはじめのころって、完璧に忘れてるよね。でも、「あれ？ なんかこんな気持ちあったぞ」って思い出すんだよね、なんかのきっかけで。

夢の形なんていうのは変わるもんじゃないかなあ。変わってもいいよね、なんぼでも。「今日これやりたい」、「明日あれやりたい」でいいと思うんよね。問題は、ちゃんとそれが自分とつながってるかどうか。業種なんてどうでもよくて、自分と、いかに向き合うことができてるかどうかだと思う。何か喜びを感じたときに、この喜びっていうのは、いつの喜びに似てるんだろうとか考えてみると、「あー、子どものころだなあ」って気づいてみたり。

入選したときは、すごく喜んでくれた人がおったよ。まずは、近ければ近いほどってことで、奥さん。その次が、両親。あとは、やきものを通じて知り合った人。みんな、すごい喜んでくれた。身近であればあるほど、ぼくのことをわかってくれてるみたいだから、喜びもわかってくれる。ぼくが喜んでるから、喜んでくれてるのかもしれないし。海士でつくった作品の入選がどれだけすごいのかっていうことは、ぼくしかわかってないから。だけど、ぼくが喜んでるのが、すごいうれしかったみたい。「この先もなんかいいことがあるんじゃないの」とか言って、全然知らなくても喜んでくれる。

逆に、やきものをかじってる人なんかは、喜んでくれるっていうよりも「すごいね」っていう感覚だよね。「よかったね」じゃなくて、「入選してすごいね」っていうレベルだよね。奥さんとかは「よかったねー！ やったねー！」っていう喜び方だけど、喜び方もたくさんあると思う。やっぱり、何かしたときに、「こんなことしたよ」って言うと、「へえ、すごいね」って言う人と、「やったじゃん！」って言う人にわかれると思う。

❖未来に向けて

これからのプランとしては、まずは、もっともっと自分を育てていく。自分っていうものを成長させてく。そうするためには、日ごろの生活をおろそかにしたくないっていう気持ちがある。「ものづくりをしてるんだぞ」とかじゃなくて、「日々の暮らしを大事にしてるんだぞ」っていうことを大切にしたい。日常を大事にした結果、ものができてるんだっていう生活をしていきたい。作品がいいとかじゃなくて、その作品をつくる人の質がどうかっていう問題だよね。「やらさしていただきたい」っていう気持ちを持っていたい。自分が成長できると思うことがあれば、貪欲にくらいついていきたいなって思う。

売り込む手法だとか、いわゆる経営術だとか、そういうのじゃなくて、見えないものに対する挑戦をしていきたい。見える形にはしたくないんだよね。まだまだ、見える形になるのは、死ぬ間際じゃないかな。案外死んでからかもしれん。「あいつはあんな人間だった」っつってね。だけど、最終的に見える形になったとしても、それは見えないところからスタートしたってことに、喜びを感じていたい。そういう気持ちが、あそこのギャラリーに行ったらあるよ、っていうレベルじゃなくて、見えないままで、ちょっと不安定なままで、自分を常に成長させていけるようなことができればいいのかなって思っている。

しっかりした日常っていうのは、自分の身のまわりのすべてのことを、おろそかにしないこと。たとえば、簡単に言えば、掃除とか、料理とか、衣食住にかかわることから、しっかりやっていくこと。そのひとつひとつに意味があるんよね。そこを、まず大事にしたいなって思う。だけど、それだけだと、結局ある意味、自己満足で終わってしまうから、どこかで社会と共存するっていうことも考えたときには、掃除とか衣食住とかだけじゃなくて、その地域とのかかわりだとか、ひいては、地域がもつ文化や歴史をしっかりと理解することが重要だと思う。やっぱり、日ごろ生活してると、伝統だとか文化だとか歴史だとか、そういった、地域ですごく大事にされてきたものを忘れがちになる。ぼくも、ものづくりさえしとればいいやって、忘れそうになることがある。だけども、そうじゃない。やっぱり、その地域でやってる以上は、そこには歴史があるっていうことを理解してない限り、ほんとの生活はできていない。それを理解してないと、ただの観光客になってしまう。だから、そういうところに重きを置いてる。

それに、自分を育てるだけじゃなくて、少しでも、この島の何かにつながればなっていう恩返しの気持ちもある。「やってやってる」じゃなくて、「さしていただいてる」っていう気持ちは、常に大事にしてたいと思う。材料を使わせてもらってるとか、そういう気持ちをもっていたい。こういうものは、限りあるものだから。その使い方次第でガラッと変わるし。ちゃんと価値を持って使うことができれば、ここでやっていく意味もあるかなあと思うし。

❖「隠岐窯」

そういった大切なことに気づくきっかけをくれたのが、奈良の先生。ぼくが陶芸をしているこの「隠岐窯」っていう窯の名前は、ぼくがつけた名前じゃなくて、その奈良の先生がつけてくれた名前なんだよね。なんで「隠岐窯」っていう名前なのかと言うと、先生は、「隠岐窯っていう名前だったら、東京でもどこでもわかると。わかりやすいのがいいんだ」っつってね。ローカルはグローバルってことだろうね。

最初は、こんな大きなものを背負って大丈夫かなっていう不安があった。自分は、束縛とかされた

写真三：奈良の先生が勇木さんのために彫った『隠岐窯』の扁額（撮影：祖父江智壮）

くないような人だったから、自分がつくりたいものつくろうって思ってたんだけど、それがいきなしこんな名前でしょ？　「うわ、やっぱいなー。えらいものもらってしまったなあ」って思ってた、はははは。作品をつくっても、この名前を意識しちゃうしね。何かつくってみても、「いやー、なんかこれ、ちがうなあ」と思った瞬間に、いやになって割ってしまったりね。それだけ重たくて、「隠岐窯」という名前自身が。

それでも、どうにかならんかなあって考えながらやってるうちに、また、ぱっと気づくんやね。結局ぼくは隠岐っていう名前にとらわれすぎとるんだと。隠岐という存在を、外からしか見てなかった。内側から見てたら、隠岐っていうことばに対して、全然引け目なんか感じる必要ない。そのためにはやっぱり、文化とか歴史が日常にあるんだってことを、きちっと理解すべきだと。それで救われた。「自分がそっちに入り込めばいい。隠岐窯に挑戦するとかじゃなくて、隠岐の人間がつくる作品が隠岐窯なんだ」って気づけば、作品をつくることはこわいことでもなんでもない。このことに気づくまでのもどかしかった時期が、二、三ヵ月ぐらいつづいてた。ぼくを成長させてくれたきっかけがこれ。隠岐窯という名前をいただいて、すごくよかったと思う。ちょっと、あそこに飾ってある扁額《へんがく》見て。（写真三参照）あれも、その先生がこっちに来て、二日ぐらいかけて彫ってくれたもの。

❖「楽」≠「楽しさ」

その先生は、すごいおもしろい人だよ。憧れる生き方をしてた。野焼きってあるでしょ？　やきものをたき火で一緒に焼くような。その横でね、いいタイミングになったら、アルミ箔にくるんだ何かを入れだすわけ。そうすると、何分かしたらいい匂いがしてくるでしょ？　それであけたらイモが入ってるんよ。「うわー、この人はやきものと一緒にイモまで焼いとるぞー」と思って、ははは。

それまでは、そういった楽しさを忘れてたんよね。高校生のときのこととか、もう全然記憶にない。楽しさなんて、社会に入るともう忘れるもんだと思ってたから。だけど、それはただ自分を狭めてるだけだって気づいた。やっぱ楽しい生き方をしとる人がおる。そんな生き方を追いかけてみたいっていう気持ちに変わった。その先生は、楽《らく》をしてるわけじゃなくて、楽《たの》しんでるんよね。ものすごい自分を追い込んでる。いまでもそうだと思う。そういうところに憧れた。かっこいいと思えたっていうのは、自分も子どものころに楽しかった経験があるからかな。

❖わが子への思い

子どもにも、たくさん楽しんでもらいたい。子どもの名前はね、「汐《シオ》」に「里《サト》」で汐里《シオリ》。この名前は、奥さんがつけたんだけどね。ぼくは考える考えるって言っておきながら、結局考えなかった。女の子だし、ぼくが考えるより、女のお母さんが考えたらいいなあって。由来は、「汐」っていうのは海のことだし、海士っていうのを自分の里だと思って、そのなかで、愛郷心だとか、そういうのも持てるような女性に育ってもらいたいって。どっかでやっぱこの島とつなげたかったんだろうなあ。ぼくじゃ思いつかんかったな、ほんとに。

【構成／柴田沙緒莉・祖父江智壮・平田結花子】

竹《たけ》川《かわ》浩《こう》治《じ》さん

いまやっと、やれてる

一九七一（昭和四十六）年、福岡県生まれ。車の整備士や溶接業、林業など、さまざまな職を経験したのち、二〇一二（平成二十四）年に海士町に移住し、漁師の修業をしている。既婚。子どもが二人いる。

❖ワルい時代

漁師になるのは小学生のときからの夢ですね。小学校で、みんなで将来の夢を習字で書くじゃないですか。ぼく、釣り師って書いとったんですよ。まあ、漁師のことですよね。小学生のときも中学生のときも、ずっと漁師になりたかったです。

ぼくは、出身が福岡県の博多なんですが、家は、いまの福岡ドームのあたりにあって、毎日近くの釣り場へ行ってたんですよね。ぼく、実は中学生のときは水産関係の大学に行くつもりだったんです。でも、どう間違ったか、高校を中退して、そのまま愛知県へ出ることになりました。それが十六歳のときですね。

福岡にいた中学・高校時代は荒れてましたね。中学校のときも高校のときも、先生がよくなかったですね。まわりもみんな不良でしたから、自分も必然的にそうなっちゃいますよ。『ビー・バップ・ハイスクール』[1]とか『湘南爆走族』[2]とか、あのへんの時代だったんですよ。自分たちも漫画みたいに、ちょっと目と目が合えば「なんだぁ！」ってメンチの切りあいになって、絶対ケンカになるんですよ。ショッピングセンターだとか、場所がどこだろうと、おかまいなしでケンカしてました。で、すぐ誰かが通報して、ずるずるって警察に連れていかれました。集団暴走行為で護送車にみんなまとめて捕まって、逃げちゃうからって、ひとりずつガチャガチャって車に手錠をつながれたこともあるんですよ。むかしだからまだよかったんですけど、いまならもう実刑ですよね。

ぼくらの若いときはディスコとかプールバーとかが全盛期だったんですけど、もう遊びつくしたかなって思います。公園とかで朝まで寝てたりしていました。浮浪者のじいさんたちが、「おまえ寒いぞ」とか言ってダンボールを持ってきてくれて、「すみませーん」とか言いながら、なんて優しい人なんだろうって思ったこともありましたね。

❖興味が向くままに

愛知県には十六歳から二十歳くらいまで、ずっといましたよ。設楽《したら》[3]で農業を教えてくれる学校に通ってました。漫画で『北斗の拳』[4]ってあるじゃないですか。十五歳くらいのときにそれを読んで、将来、本当に食糧危機が来ると思ったんですよ。日本というか世界中が、あんな時代になるときが来るって真剣に思っていました。それで、人間がひとりで食べていけるだけの畑の面積が知りたくなったんです。ぼくらの子どもの頃は、ベビーブーム[5]だったじゃないですか。それもあって、人が増えつづけて食べものがなくなるんじゃないかなって思いまして。だから、自分が食べるもんくらい自分でつくれないといかん、とそのときは思っとったんです。

▼1　ビー・バップ・ハイスクール
きうちかずひろ作。不良高校生の青春時代を描いた漫画。『週刊ヤングマガジン』に一九八三年から二〇〇三年まで連載され、単行本は四十八巻、のべ四千万部の売り上げを記録している。

▼2　湘南爆走族
吉田聡による暴走族の友情と恋愛を描いた漫画。一九八二年から一九八八年まで『少年ＫＩＮＧ』で連載されていた。

▼3　設楽
愛知県北設楽郡設楽町。愛知県北東部に広がる三河山間地域。

▼4　北斗の拳
『週刊少年ジャンプ』に一九八三年から一九八八年に連載された、武論尊原作・原哲夫作画の漫画。核による最終戦争後の、水と食料といった資源をめぐる争いが主題。

▼5　ベビーブーム

その学校では畑を貸してくれて、つくったものを出荷して現金化してくれるんです。漁業でも、あやって自分でやらしてもらえる学校があるといいですよね。

嫁さんとはそこで知りあったんで、十六歳のときからのつきあいですね。長いんですよ。むこうは当時二十歳でした。当時車はないし、十六歳なんで原付しか乗れなかったから、どっか行くときは乗せてもらいましたね。

ダイコンをつくって売っとっても、何十円の世界なんで、それでは当然収入が足りないわけです。だからガソリンスタンドと朝の新聞配達のバイトをやってましたよ。学校は時間に縛られてなかったんで、好きなときに出てきて畑仕事をしなさいっていう感じでしたね。農学校に通ったのは一年だけです。ガソリンスタンドでバイトしとったら、車をいじるのがだんだんおもしろくなってきて、住み込みの仕事を紹介してもらいました。ひたすら車検や修理の仕事を二年間やりました。

❖「人生の師匠」との出会い

修理の仕事のひとつで、マフラーに穴がある車は車検に受からないので、ちょっとした穴は溶接で埋める、っていう作業があるんです。その仕事がおもしろくてしょうがなくて、豊田市（愛知県）で溶接屋さんになりました。

この頃は二十歳そこそこで、遊びたいっていう気持ちばっかりでした。だから、ひたすらどっか遠くへ行くか、それか鍛冶屋連中はやっぱり飲むのが好きなんで、だいたい飲みに行ってましたね。ある程度仕事ができるようになると、収入がものすごくよかったんですよ。

そのときの親方で、ぼくの「人生の師匠」みたいな人がいます。出会ったのもたまたまで、なんで知り合ったのかよく覚えてないけど、気がついたらつるんでたんですよね。ぼくより十二歳年上です。

第二次世界大戦後、日本で出生率が爆発的に上昇した時期のこと。一九四七年から一九五〇年代までつづいた第一次と、この世代が親になった一九七〇年代前半の第二次がある。

一緒に飲みに行ってもよく暴れるんで、大変なんですよ。

その親方は、溶接がすごくうまい人なんですよ。ただ、毎日人の頭を叩くの。なにかっていうとパーンって頭叩いて、「おまえー！」ってどなるんです。その日も溶接をしてたらうしろから叩かれたから、「なにぃ！」って言ったら、「おまえほんっとうにうまなったな。もうどこ行っても恥ずかしないわ」って言われたんですよ。

嬉しかったですよ。親方がそんなこと言うのは初めてだったから、驚きました。「ありがとっす」って言ったんだけど、作業やりながら、「溶接ってこんなもんか、まだまだ上があると思っとったわ」って思って、そこで嫌になっちゃったんです。

ぼくは極めるっていうか、ある程度いったとこで満足しちゃうんですよね。「もういいや、俺はいつでも必要なときにはできる」って思って。まあでも、一回、離れちゃうと無理ですけどね。いまは、前みたいにきれいにはできないです。やっぱ毎日やってる人には勝てんと思います。

❖これからは山の時代だぞ

溶接の仕事中に手首を怪我して、名古屋大学病院に入院したときに、「おまえの軟骨は弱いから、鍛冶屋仕事にむいてない」って先生に言われたんですよ。そのときに同室だった人が滋賀県の林業関係の会社の専務さんで、草刈り機の刃で親指をとばしてしまったらしいんです。その人が言っていた「これからは山の時代だぞ」っていうことばが、山の仕事を始めるきっかけになりました。そのときには、溶接のほうは結構親方に認められていて、もう自由にやらせてもらってましたから、退院して早速、滋賀県に行きました。

だから、初めて山で仕事したのは滋賀県です。そこでは、草も刈る、木もきるっていう感じで、なんでもやりましたね。でも滋賀県には半年もいませんでした。単身で滋賀と豊田市を行ったり来たりしてたんですけど、その間にちょうど子どもができたんです。だからこれは結婚せなあかんっていうことで、豊田市に戻りました。

でもやっぱり山がいいなっていうことで、森林組合を二つ面接受けて、恵南《けいなん》森林組合[6]に入りました。

❖山師《やまし》の仕事

二十一歳から森林組合に入って、このまま山の仕事で食っていこうって思いました。子どもがいたもんで、これまでみたいに簡単には飽きれなくなりました。そこを飽きたら、もうバカですよね。

山師っていうのは、木をどうきって、どう出そうかっていうことがすぐにわかったり、立ってる木を見てその場で値段が出せるようにならんとだめなんですよ。たとえば、山主さんに「ちょっとこの木見てくれや。これでお金つくりたいのよ」って言われたときに、「この木なら二十万円になります」って、そこですぐに言ってあげられないといかん。さらに、ぼくらがきりだすのに七、八万円かかって、市場までの運賃を引いて、だいたい手取りでどのぐらいになるかという計算がその場でできんといかんのです。ぼくはこの仕事を十九年やってたけど、そういう技術を身につけるには、それこそ十九年まるっとかかってもまだ足りんくらいですね。

森林組合の仕事は山林整備なんで、木をきって出したり草を刈るだけじゃなくて、木をきったあとの植林もやります。地拵《じこしら》えっていって、木をきったあとの地面は切り株や枝や葉っぱでめちゃくちゃなので、まず、ごみを整理して、棚というんですけど、地面を段々になるように整備したあと、一・五メートルから二メートルくらいの新しい木を一ヘクタール[7]に二千本から三千本植えます。植林の理想のサイクルは六十年とされていて、六十年たったら、きってまた植えかえるっていうのがいち

▼6　恵南森林組合
岐阜県恵那市上矢作町《かみやはぎ》にあり、一九九九年に設立された。恵南とは、岐阜県の東南部で愛知県、長野県と県境を接する地域。

▼7　一ヘクタール
一ヘクタールは一辺百メートルの正方形の面積。

ばん効率のいい山の使いかたらしいです。でもむかしのじいさんばあさんは、できるだけ長くきらないままでおくほうが値段が上がっていくと思っていて、「うちの木は樹齢百年以上だ」とか言って、きろうとしないんですよ。孫のためとか、まだいない孫のために植えるんだって言って、一生懸命苗を遠くに背負って植えるんですよ。だからきらせないっていう人は多いですね。

❖苦悩する林業界

山主さんに「お金がほしいからきって」って頼まれたとしても、実際ぼくらの人工《にんく》代▼8を引くと、いくら木がよくてもとてもじゃないけど現金には換えられないのが現状です。ぼくらはある程度グループをつれてやってたんですけど、会社の経費や福利厚生なども含め、若かろうが年寄りだろうが、ひとりあたり三万円で計算するんです。これだけの額をとると、「山主さんすいません、全部きっても、赤字でした」っていうのが現状ですよ。

二〇〇九（平成二十一）年八月の政権交代で民主党になって、補助金のシステム▼9も変わりました。自民党のときは個人の山の木をきったとき、簡単に補助金がおりてたんです。でも民主党になると、申請するときに「町歩《ちょうぶ》▼10」っていう単位にある程度まとめなさいっていう形になったので、規模の小さい個人の山では補助金の適用▼11がされにくくなりました。そうなると、出てきた材木を売ったお金だけで、ぼくらの日当と森林組合の経費もとって、さらに現金を山主さんに返すなんて不可能なんですよ。

しかも、ぼくが林業を始めたときはヒノキが一立米《りゅうべい》▼12で三万円だったんですけど、いまは一万円そこそこです。スギなんかはさらに安いんで、一立米七千円とか八千円とかです。材木の値段が安いわりに、仕事は危ないし、きついとなると、企業としてはもう手取りを下げるしかないじゃないですか。

▼8　人工
作業者の手間を数える語。ある仕事に一日または一時間に要する人員数で表し、土木工事の見積書などに用いられる。

▼9　補助金のシステム
二〇〇九年十月、鳩山政権が「緊急雇用対策」を発表したのを受け、林野庁は同年十二月に「森林・林業再生プラン」を策定した。このプランを具現化するために、二〇一一年四月に森林法が改正された。

▼10　町歩
田畑や山林などの面積を、数えるときに使う単位。一町歩は約九九一七・四平方メートルで、一ヘクタールとほぼ同じ面積である。

▼11　補助金の適用
改正前の森林法では、山主は個々の間伐作業に対して助成を受けることができた。しかし改正後の森林法では、それぞれの

だからみんな家計が苦しいですよね。子どもがおったら、なおさらきついです。

　それで、限界を感じました。ぼくは結構、山の仕事に関してはできるほうだと思うんですけど、さすがにこれではやっていけないと思いましたね。

❖夢だった漁業へ

　ぼく個人としては、それでも林業で食べれないこともなかったんですけど、子どもも手がはなれるし、これはちょっと夢だった漁業をやってみようかな、と一昨年（二〇一〇年）あたりから思いはじめました。子育てがひと段落ついたっていうのも、ひとつのきっかけですね。

　海士に来るきっかけになったのは、海士町漁協に藤澤さん▼13という人がいるんですけど、その人のホームページを見たことですね。ぼくはそのとき漁師の求人情報をネットで探していて、そういうホームページはほとんど見たんです。藤澤さんも漁師の募集を出していて、行ってみようかなって思いました。

　海士町以外のほかの場所にも行ってみたんですけど、大きな船に乗って大勢でやるような漁しかありませんでした。ぼくはスタイル的にはひとりで行きたいなって思っていたので、ちょっと違うなって思ったんです。

　海士で漁師になるということは、組合のごく少数の仲間には言ってありました。林業には命がけの仕事もあって、でかい木を出すときなんかは「頼むぞ！」って言って命を預けたりすることがあるんで、そういう仲間には伝えてました。「来年、漁師になるでな、これからおまえが引っぱっていけよ」って。


山主が個別に整備を行う場合ではなく、所有者の異なる隣接する数百ヘクタールをまとめて間伐や林道整備を行う場合にかぎり、助成の対象とされることになった。
▼12　立米
立方メートルのこと。木材の単価を計算するときの単位として使われる。
▼13　藤澤さん
藤澤裕介さん。二〇一〇年に海士町へIターンし、海士町漁業協同組合で働いている。

❖新しい生活環境

いま家族は岐阜に住んでいて、ぼくは海士でひとり暮らしです。いま住んでいる場所は、師匠の山下さん▼14が話をつけてくれて、空き家を月二万円で借りられました。これが電気代も水道代も込みときてるから、ありがたいですね。5DKですが、そのうちの三部屋は、荷物があるから使えないんですけどね。もともと住んでいた人の荷物がいろいろ押しこんであるので、結局2DKくらいですけどね。まあ、ころんと横になれれば充分です。

車は、引っ越してくるときに軽トラに替えてきたんです。去年でっかい車で来て、道が狭くてすれちがうのが精一杯だったので、売って軽トラに替えました。軽トラは便利ですね、ポンポンとなんでも積めるし。むしろ、いろいろ塩水ついたものを積んだりするし、毎日、潮風を浴びとるし、車がさびるから軽トラじゃないとだめですね。

自分の船は、まだ持っていません。持っちゃうと、小さい船でも年間維持費だけで二十万円ほどはかかるもんで、師匠の山下さんも、まだやめとけと言ってます。山下さんは三隻持ってます。イカ釣り船と、カキを吊りあげるクレーンのついた船と、もう一つは、つぼ網▼15とかサザエ網を積むいちばん小さい船です。小さい船でも買えば五百万円はかかるんですよ。

❖収入源は、補助金

海士町は、漁業や農業をやりたい場合、補助金がもらえることもあるんですよ。いまぼくは見習いだから、給料をもらえないんで、自分が食べる分の生活費は、補助金をもらってなんとかまかなっています。ぼくは月十五万円もらってます。

▼14 山下さん
山下照夫さん。豊田《とよだ》地区の漁師。今年で六十四歳になる。

▼15 つぼ網
海士町では小型定置網のことをつぼ網と呼んでいる。後出の「効率のいいつぼ網」の節を参照。

写真一：とれたてのシロイカ。大きさは、煙草一箱と比べるとこのくらい。（提供：竹川浩治）

でも補助金をもらえるのは、三年間だけです。そこで一人前になってないと、四年目には島を出ることになります。だからいまの目標は、来年、なにも言われずにすべての漁ができるようになっておくことですね。師匠に「あれやっとけよ」と言われんでも、漁に行く前に当然網も全部直ってて、すぐ使える状態になってるっていうように。

❖漁師のいちにち

いまの時期（八月）はシロイカ▼16（写真一参照）釣りなんで、出漁は夜です。最近は夕方の六時頃に出て、一晩中釣ってます。朝の四時半ぐらいに、日の出とともに空がばーっと明るくなってきたら「戻れー！」って師匠が言うのを合図に港へ戻ります。箱詰め作業をしないといけないので、五時か六時には港に戻ってこないといけないんです。港に戻ったら、ひたすらイカを箱に詰めます。午前八時頃にトラックが回収に来るので、それまでに箱詰め作業を終わらせないと、その日はもう出荷できないですね。で、フェリーがそれを乗せて本土の市場に出荷します。フェリーを使うので、本土より出荷にお金がかかりますね。

出荷まで終わって、家に帰ってきたら、まず洗濯と掃除を

▼16　シロイカ
ケンサキイカの海士での呼びかた。海士町のシロイカ漁のシーズンは七月〜十月。太くて短い腕をもっていて、胴は細長い。色は白っぽいが、興奮すると赤くなる。

します。これが結構、時間がかかります。それから、その日の夜、つまり次の漁に持っていく弁当のご飯を炊きます。昼の三時過ぎには炊きあがっとらんとあかんので。朝食は、その日獲ったイカを一匹もらって、それを簡単に刺身にしたり、山下さんから畑でとれたものをいただいて、それをたとえば麻婆ナスにしたり、そういうのをおかずにビールを一本飲んだりします。寝る時間をちょっとでもとろうと思うと、食事はどうしても簡単になっちゃいますね。お酒は、バーテンをやってたこともあるので、むかしから飲むし、相当強いほうだと思います。でも、朝の五時くらいからビールのためにお茶を飲むのも我慢するので、やたらと効くんですよね。酔っちゃうんです。いつもビール一本で撃沈ですね。

昼の二時か二時半には起きないといけないんで、朝の九時ぐらいには寝ます。起きたら弁当つくって、出ていく準備をします。弁当はおにぎりがいちばんいいですね。食べながら右手でなにかできるじゃないですか。ちょっと大きめのおにぎりふたつとお茶を持ってけば、朝まで充分なんです。

出漁前、師匠より先に船に行って、燃料の量を確認します。「燃料あるか」って師匠に聞かれたときに、「あ、いまから見てきます」じゃ、だめなんですね。やっとけって言われたわけじゃなくても、そのとき即答で、「いや、半分です」とか、「今日入れておきましょうか」とか、「オイルが少なかったんで、一リットル足しました」って言えんといかん。言われてから見て、「足りませんから入れときますね」っていうのは、弟子としては二流だと思います。だからその時間を逆算していくと、どんどん寝る時間がなくなっていくんです。睡眠時間は、最初は四時間くらいでした。いまは余裕がでてきましたけど、それでも五時間ぐらいいかな。

いまはシロイカがメインなので、十月ぐらいまでは夜の漁が続きます。一月から三月まではシマメ▼[17]のシーズンになって、またそういう生活です。三月からは、岩ガキ▼[18]の収穫の季節なので、昼中心の生

▼17　シマメ
スルメイカの海士での呼びかた。海士町周辺海域では一月～三月が漁のシーズン。シロイカにくらべると、胴が太く、腕は細長い。全体に赤茶色がかっていて、興奮するとさらに赤くなり、身体を膨らませる。

▼18　岩ガキ
海士町では養殖による岩ガキの生産が活発で、三月～六月初旬にかけて水揚げされる。二〇〇九年度、海士町では殻つき九十六トン、むき身十九トンのカキ類を生産し、島根県トップであった（『島根県農林水産統計年報』）。

写真二：山下照夫さんのイカ釣り船（豊田港にて）（撮影：五味春香）

活に戻りますね。

❖イカ漁と合間の魚釣り

イカ釣りでは、まずは魚探、つまりレーダーで海底を見て、イワシなどの小魚の群れを探します。これはなるべく大きな群れを探すんです。見つけたら、その上に船（写真二参照）をつけて、アンカー▼19を打って、明かりをつける。イワシが明かりに寄って浮いてくるんで、その下にイカが来る、っていうしくみだと思います。定かではないけど、師匠がやっているのを見とると、そういうやりかただなって思いますね。漁をやる場所っていうのはいつもばらばらです。イカがどこにいるのかは、その日によって違うんですよ。ちょっと前までは島後《どうご》▼20のほうまで漁に行ってました。

実際にイカを獲るのはイカ釣り機がやるので、スイッチを一度入れたら、もうそのまま朝までガチャガチャ動いています。師匠はブリッジで仮眠してます。たまに起きてきて、ふたりでばっとイカを集めて箱に詰めたら、また仮眠、という感じです。その間、ぼくは朝までひたすらタイをねらう。なにが釣れるかわからないんですけど、それがおもしろいんですよ。

❖岩ガキの可能性

岩ガキ（写真三参照）は種《タネ》▼21を買って養殖するんです。ホタテ貝の殻の表と裏に、岩ガキの種がいっぱいついてるんです。そいつをロープにつけて沈めるんですけど、そのための場所といかだは、町が提供してくれるんですよ。そこまでは面倒見てくれる。補助金が四年目になるともうもらえないので、そのときに現金を得るためには、もういま、種入れをしないといけないんです。だから今年の十一月に沈めてこようかと思ってます。

▼19 アンカー
錨《いかり》のこと。

▼20 島後
隠岐諸島は、西ノ島、知夫里《ちぶり》島、海士町のある中ノ島の三島からなる「島前《どうぜん》」と、隠岐の島が属する「島後」で構成されている。地図参照。

▼21 種
稚貝のこと。

写真三：出荷前に無菌海水につけこまれている岩ガキ。サイズごとに箱に分けられている。（提供：竹川浩治）

ほかの漁師さんはみんな、だいたいホタテ貝を三千枚は使ってるんですけど、ぼくは今年が初めてで、ましてやひとりでやるんで、少し減らして二千枚にしとこうと思います。二千枚でも多かったとわかれば、次の年は千五百枚なり千三百枚なりに減らさないといかんし、逆にこれでは食ってけんとなりゃ、頑張って働いて、二千五百枚とか、ひとりじゃ難しいですけど三千枚までやれるようにならなきゃいかん。その目安の数もまだわかんないんで、まあとりあえずやってみようと思っています。

岩ガキは出荷できるまでに三年かかるんですよ。種は一度沈めてしまえば、あとは吊るしっぱなしですが、二年目に、成長したカキをホタテ貝の殻から外さなきゃいけないんです。[22]機械でダダダダって一枚一枚をばらばらにして、今度は穴をあけて吊るしなおします。その作業のときに、出来の善し悪しがわかるんですね。カキが成長してないやつは全然ホタテについてないし、いいやつはアホみたいについてるし。多

▼22　成長したカキをホタテ貝の殻から外す「通し替え」と呼ばれる作業である。

いものだと十何個とか二十個とか、上も下もびしーっとついてますよ。カキだらけで石みたいになっとって、「どこ割りゃいいの」って、わかんなくなってるのもある。何個つくかは運次第ですね。その作業のときに、間違えて変なところを割って、カキの身をだめにしちゃうことがある。それでだいたい、二割のカキは死んじゃうんです。それくらい、ほんとにどこを割ればいいのか区別がつかないんですよ。

そういう作業は、師匠のところで全部やらせてもらいました。カキを割る機械とか設備を整えようと思ったら、相当お金もかかるんですよね。師匠の養殖所はここ豊田《とよだ》と隣の保々見《ほぼみ》、菱浦にもあります。菱浦はもう全部撤収して、いまロープだけ沈んでます。

三年経ったらサイズ別に選別[23]して、MとかLとかつけて出荷するんです。豊田の養殖場は、三年経っても大きさがSとかSSだったやつを、かごに入れてもうワンランク上のサイズにするために吊してあります。だいたい三年でMとかLになるはずなんですけど、なかにはやっぱりほかのカキに負けちゃって、小さいままのもあるんです。「せめてMになれよ」みたいなものが、豊田に集中してますね。そういうのが四年ものとか、五年もののカキになります。

実はぼく、サイズの選別をせずにそのまま吊るした状態で売ってやろうかなと思ってるんです。「カキを『一本』買いませんか?」みたいな。サイズ別に分ける必要もないじゃないですか。一本ぐっと引きぬいて、「できました!」って、そのまま送る。もしくは、買う人が「収穫」に来る。当然大小いろいろなサイズのものがいっぱいついてますけど、それもおもしろいかなと思います。「俺、海士町で岩ガキ一本養殖してんだ」って、いばれるじゃないですか。

▼23 サイズ別に選別
Lサイズは三百〜四百グラム、Mサイズは二百五十〜三百グラム、Sサイズは二百〜二百五十グラム、SSサイズは百四十〜二百グラム。

❖アゴはおもしろい！

アゴ[24]は、梅雨の時期に、刺し網で獲りますね。いまの時期は、ほんの数センチの大きさの赤ん坊が、いっぱい飛んでますよ。普通はぼけーっと泳いでるんですけど、なにかが来ると、羽を広げてひゅーんって海面を飛んでいくんです。アゴのすごいところは、飛んで、落ちるかなと思ったら、しっぽで海面をパーンって叩いてまた飛ぶところです。

アゴ漁って、キツイっすよ。何万匹もアホみたいに網にかかるんですよ。網を必死に抱えても、全然動かないくらい重いです。あれは一匹十～二十円なんですが、そんなときは、一網で三十万円になることもあります。

ただ、アゴは傷みが激しくて足が早いから、鮮魚では出せません。かまぼこの材料かなんかにはなるんでしょうけど、使いようがないんですよね。あとは、ダシにするくらいですね。凍らしといていつでも使えますんで。ここ[25]の冷凍庫はアゴでいっぱいですよ。とりあえず冷凍庫に入れるだけ入れて、残りを出荷するんですけど、まだ四、五千匹は入っとると思います。

アゴ漁は海士テレビ[26]でだったかな、山下さんが獲っとるところがネットで見れますよ。

❖効率のいいつぼ網

ほかにも、つぼ網っていうのをやります。つぼ網は小型定置網のここでの呼びかたです。真ん丸のつぼみたいな形で、八、九メートルぐらいある縦の網を、V字に張るんですよ。アンカーを打って、つぼが始まって、そこからまた十メートルぐらいは魚が奥へ行けば行くほど狭くなっていく。途中にしぼみっていう加工がしてあって、そこを魚がいったん通ると逆流できない仕組みになっているんで

▼24　アゴ　トビウオのこと。アゴは島根県の県魚でもある。

▼25　ここ　インタビューをおこなった施設、「水産加工グループ海の駅松島」のこと。

▼26　海士テレビ　海士町では二〇〇七年度から、総務省の地域ICT（情報通信関連事業）利活用モデル構築事業により、「海士テレビ」という海士専用サイトを制作している（ICTについては第四章の注十五を参照）。同サイトでは、海士町の食べもの、行事、日常生活などが取り上げられている。

す。だから魚はもう先に行くしかない。そんで、そのつぼごと上げて、いちばんうしろにたまった魚だけを回収してまた沈めとくんですよ。この網だと上げるときまで魚は生きてるんで、効率がいいです。自分が行きたいときに自由に行って、網を上げればいい訳ですよ。イカ漁をやって戻ってきて、ついでにつぼ網も上げてくるかっていうことも可能なんですよ。台風が来たら、ぐちゃぐちゃになっちゃうから網ごと上げてきます。

❖「修業」の日々

今年はほぼ、毎日なにかしら漁に出ています。網を仕込んだり、回収しに行ったりもしますし。カキも毎日様子を見に船を出しています。

いまはまだこっちに来て三ヵ月か四ヵ月かなんで、とりあえず今年一年は「なにをやってるか」を、ただひたすらついていって観察する、っていうことをしています。山下さんは普段はやらない漁でも、「あれも、ちょっと一回やっとかないかんなあ」って言って、わざわざぼくのためにやって見せてくれます。だから一年通してこういう漁があるっていうことがわかりますね。とにかく三年間の間に全部覚えてできるようになっとらんと、だめなんです。

山下さんは基本なんでも「やれ」って言います。ぼくもわからんなら訊くし、訊けば教えてくれる。山下さんに出会ってよかったですね。もし、ぼくが教えてもらってもうまくできなくて、「いや、どうやってもわからんですよ」って言っても山下さんは、「なにがわからんだ」とか言って、来てまた教えてくれる。あるいは覚えが悪くてぼくが、「ほんとにできん」って言うと、「なんでまだわからんのかおまえは！」って言いながら、いくらでも教えてくれる。だから自然とできるようになる。山下さんに教われば、網なんかすぐ編めるようになりますよ。本当に教えるのが上手ですよ。

やらせてもらえないのは、アンカーを抜いたりとか、ものすごく危険が伴う作業です。入れるのは入れられるんだけど、アンカーは抜くのが大変なんですよ。機械で、緩めるタイミングを間違えると、アンカーが自分のほうに向かって船の中に飛んでくるんです。船が壊れるならまだ百歩譲っていいかもしれないけど、自分が危ない。

ほかにも、船を縛って、固定することひとつから覚えなきゃいかんですからね。たとえば魚を陸に降ろすために、横に接岸する場合があるでしょ。そのときに、風が船の表から吹いてたら、船の先端を先にとめないとだめなんです。うしろからとめたらくるーっと回っちゃうので。船にはこっちへ来る前から乗ってましたけど、そういうことも知らなかったですからね。

それまでも趣味として釣りとか投げ網とかやってましたけど、あれはもう完全に遊びなんで、そりゃいまとは全然違いますね。夜にイカ漁をやってて、イカ釣り機を動かして一区切りついたところで、「じゃあぼく、朝まで魚釣っときます」って言ったら、「竿で魚なんか釣っとってどうするだ。網でとれ」って山下さんに言われたことがあります。それが漁師なんですよね。要するに釣りじゃあ、日当が出せないんですよ。日当と燃料代と、船の諸経費と。これが材木だったらこういう収支の計算もできるけど、船はまだ全然できない。なかなか、日々、勉強です。

いままでの仕事では、あれやっとけ、これやっとけって言ったら、全部仲間がばーっとやってくれてたのが、いまはひとりなんで、それは大変ですけどね。だけど自分がずっとやりたかったことだから、いまのところは、かろうじてできてると思います。

❖豊田地区に暮らしてみて

ほかの漁師さんとのつきあいは、いまのところあまりないですね。もう寝るとき以外は、師匠の山下さんと一緒なんで。船で無線同士でしゃべったり、電話して「昨日の漁はどうだった？」って聞くくらいです。たとえば三日も四日も台風が来て、時化《しけ》だってわかってりゃ、みんなでたまにはどっかで飯でも食おうかとか、そういうのはあるかもしれませんけど。でも網の破れたとこを直す作業とか、毎日やることがなにかしらあるんですよ。時化でも網は必ず上げるんで、その網をすぐに入れれるように直した状態にして置いとかんといけない。

でも夏の炎天下じゃ、なんにも作業できないですよね。だから、イカをやる人たちはみんな、お昼の時間はまだ寝てると思いますよ。夕方とか、涼しくなってからそういう作業をやります。岩ガキの養殖をする人たちは、ロープを同じ長さにそろえて切るとか、インドアでなんかやってると思うけど。

豊田の漁師って、ふたりしかいないんですよ。この島では「本漁師さん」と「漁師さん」という言いかたをするんですけど、ほんとに漁だけで食べとる人、つまり本漁師さんは、豊田では山下さんと、漁協の理事をしている和泉勝彦さんのふたりだけですね。ほかの人もみんな船を持ってますけど、これはもう、「おかずとり」というか、これで別に生計を立ててるわけじゃないんです。

豊田地区の若手での集まりっていうも、いまのところないですね。でもまだ海士に来て四ヵ月なんで、これからあるのかもしれません。海士町総出の運動会が十月にあるらしいんです。四月にも祭り▼27があったんですけど、今年は風速十メートルからの風が出とって中止になっちゃったんですよ。祭りの船は、手漕ぎで出ていくもんで、危ないもなにも、舵がとれるわけがないですよね。エンジンがついとれば話は別だけど。だから来年に延期ですね。

ぼくも来年は船に乗らなきゃいかんのじゃないかな。ほんとは豊田の人だけでやりたいんでしょうけど、いま漕ぎ手がいないらしいんで、違う地区から人を借りてきて、なんとかやっています。だから豊田に住むぼくも、覚えなきゃいけない。だけど、そのお祭りを見たことがないんで、まだどうい

▼27 祭り
「ホーラエンヤ」とよばれる祭り。化粧をした若い衆が神輿を乗せた船を櫂《かい》を使って漕いでいく船神事。二年に一度、旧暦の三月三日に行われる。

う感じなのかわからないですよ。まず見せてからにしてくださいってお願いしてるんだけど、「乗れ、乗れ」って言われてます。

❖家族への思い

家族が海士に来ることはないですね。妻の両親がむこうにいるし。妻は、ぼくが海士に行きたいという話をしたとき、やりたいことあるならやりなさい、みたいな感じでしたよ。それに対してぼくも「はい」みたいな。息子がふたりいるんですけど、上の子どもは森林組合に入るって言ってるんですよ。前から「山師になる。お父さん見てたら、楽しそうだもん」って言ってて。「いや、俺辞めちゃったからだめでしょ、やめろ」って言ってるのに（苦笑）。まあ、たぶんぼくの目から見て、一生そのまま岐阜におるとは思えんですけどね。子どもにはいっぺん街へ出てもらいたい。出たほうがいいですよ。そういうこともせんと、ずっと田舎で生まれて育って、一歩も上矢作《かみやはぎ》から出んっていうのも、なんかつまらん。本人がそれがいいって言や別だけど、なにごともやっぱり経験なんで一回は出たほうがいいとぼくは思ってます。

❖夢は大きく

ぼくはおいおい、一次産業だけでは食べてはいけなくなると思ってます。だから六次産業[▼28]ということでやっていきたいと思っています。魚を獲って、市場に出すだけなのが一次産業なんです。そこに、豊田でやってるように、トビウオをアゴダシまで加工したり、自分でお客さんを見つけて、たとえば家庭と直接取引するっていうところぐらいまで、全部、なんでもやらないといけない。いま、愛知県の稲武《いなぶ》[▼29]っていうところにある寿司屋さんに、ぼくの獲った魚をチルド便で送ってるんですよ。今朝獲

▼28　六次産業
第一次産業の生産者が、食品の加工（第二次産業）や流通（第三次産業）まで手掛ける多角的な経営形態のこと。一九九四年に農業経済学者の今村奈良臣が提唱した。

▼29　稲武
愛知県豊田市稲武町。県の北東に位置し、長野県、岐阜県と接する。

れたやつを、二時までに海士から送りだせば、次の日の十時にはむこうに着くんです。市場で買うより一日早いから鮮度もいい。そこまでやって、六次産業なんですよね。加工の部分が欠けてますが。
サザエには漁業権▼30が設定されているので、組合員じゃないと獲っちゃいけないです。魚も漁協を通さないといけません。でも直接お客さんと取引して、漁協に手数料は数パーセントを別で納めれば、漁協を一応通したことになる。最終的には、直接、個人とのやりとりがしたいですね。本漁師になるための仕事を全部覚えんことには、そこに行けないんですけどね。

海士町からもどんどん、漁師さんはいなくなると思いますよ。Iターンで漁師として来る人も、そんなにいないって聞いてます。それでも、漁師になりたい人はやっぱりいるんです。将来的にそういう人たちが、すっと来れるような島になっとるといいですよね。「ちょっと漁業やってみよう」って言ったって、普通にはやらせてくれんし、なかなかできんじゃないですか。誰でも簡単に、体験漁業ができるような、宿泊施設もあると、いいんじゃないですかね。

❖豊かな海の上には豊かな山がある

海士の漁業に対して思うのは、栄えてほしいということですね。せっかくこんな素敵な場所にあって、海士も漁業でむかしから栄えとったはずなのに。いま、磯焼け▼31が問題になるけど、磯焼けするのは要するに鉄分が足りないからなんです。その鉄分を「フルボ酸鉄《さんてつ》▼32」っていいます。森林の葉っぱが落ちて、それが何年もかけて土の中で腐るときに、フルボ酸っていうのができます。それが必ずしもあるわけじゃないんですけど、土中の水に溶けている鉄とくっついてはじめてフルボ酸鉄になります。それが川を流れて海に運ばれるんです。だから木をきっちゃうと、山から川に流れてくる鉄分が一切出なくなるんですよ。海藻がぶわっと生えてるような豊かな海には、いい水が入ってきてて、その上

▼30 漁業権
この場合は共同漁業権を指す。共同漁業権には第一種から六種まであり、サザエなどの貝類や藻類などの定着性の水産動植物は第一種共同漁業権で保護されている。

▼31 磯焼け
沿岸海域に生息する海藻が著しく減少し、かわりにサンゴモと呼ばれる薄いピンク色の海藻が、海底の岩の表面を覆う状態のことをいう。サンゴモはほかの海藻が育つのを邪魔するので、それに伴って水産動物の生活の場である大きな海藻（コンブ、ワカメなど）の群落がなくなり、漁業にも打撃を与えている。

▼32 フルボ酸鉄
植物などが微生物によって分解されてできる「フルボ酸」と鉄原子が結合してできる物質。植物の光合成に鉄は必須で、海藻類が生育するのにフル

には豊かな山があるんです。それは植林したスギやヒノキみたいな針葉樹じゃ全然だめで、ドングリだとか、落葉樹の原生林でないといけない。ほんとはブナがいちばんいいんですけどね。だからぼくは、木も植えたいんです。

いま海士では、牛の放牧をするために結構木をきってるんですよ。ぼくにはそれがちょっと納得できんのです。全部きっちゃって丸裸にするのも、やりかたとしては最低なんですよ。だから潜ってみればわかるけど、牧場の下の海には海藻なんかなんにもないはずですよ。海藻が生えないってことはエサがないってことだから、サザエもアワビも当然いないんです。

生い茂った大きな山と豊かな水がないと、海の生き物は育たないんです。いろいろ研究してる人は知ってて、わざと鉄をつくって海にまいたり、硫酸を使って溶かした人もおったんですけど、硫酸はちょっと環境によろしくない。ただ鉄をまいても、水に溶けない。結局それができるのは山だけなんです。鉄があればプランクトンがぶわっと増えるんですよね。そうするとカキもみるみる育つんじゃないのかって思います。

だから海沿いでは、とくに山の木はきっちゃだめなんです。こういう島なんで風当たりが強いから、風に押されて上には木は伸びないんですよね。だから島国はあんまりでかい木っていうのはないはずなんです。豊田港の反対側はあんなに山に囲まれとるのに、下は水なんてちょろちょろとしか出てませんからね。これじゃあどんどん海藻がなくなりますよ。あれが豊かな森なら、じゃあじゃあと水が出てるはずなんです。

❖木は植えたいなあ

海士では林業は、見たところやってないみたいですね。「不整備森林」っていうんですけど、草は

ボ酸鉄は不可欠である。

ばんばん生えとるし、枝うちもしていなくて、植えただけであとはほかりっぱなしという状態ですね。スギがばーって生えていて、山に入ってみればひどいもんだと思います。たぶんきっても立米五千円以下くらいですかね。本土に持っていく費用のことも考えると、採算があわなくて、だめですね。ということは海士の山は一生あのままです。なんでそれがよくないかっていうと、スギやヒノキっていうのは土の表面で横に根がはってるだけで、土砂降りになると簡単にバターンって倒れるんですよ。しかも一本倒れると、二本、三本とドミノ倒しみたいにいっぺんに倒れてしまうので、こわい。だからここは山としては弱いです。ここのスギやヒノキもたぶんもともとは、この島で消費するために植えたと思うんです。でも悲しいかな、それを板にする製材所がここにはもうなくなっちゃって、それができないんですよ。丸太でログハウスをつくるんなら可能ですけどね。

海藻がぶわっと生えた豊かな海になるといいですよね。この海士の海を全部潜ったわけじゃないですけど、潜って見てみりゃ、わかると思います。明屋海岸も、海藻はなんにもないじゃないですか。もう真っ白。岩場にサザエのエサになる海藻のアカモクだとかも、なにもついてない。死んじゃっとるんですよね。

山のてっぺんに、ひとり十本のブナを植えましょうっていう運動でもできたらいいですね▼33。漁師が植林をするっていうのを気仙沼▼34かどっかでやってるんですよ。彼らはフルボ酸鉄が大事だっていうことを知ってるんですよね。それなのに海士では、狭い森なのにきろうとしている。時間はかかりますけど、海士もうっそうとした森だらけにすれば、えらい豊かな漁場になると思います。だから、木は植えたいなあ。とにかく青木《あおき》▼35をきって、広葉樹を植えたい。

いまはまだ、こんな話をしても「おまえ来たばっかでなに言っとんだ」って言われちゃう(笑)。まだまだ、島に来て四ヵ月ですから。でも将来的には、そうしたいですね。

▼33 植林運動
海士町では二〇一〇年より漁師による植樹が行われている。

▼34 気仙沼
宮城県気仙沼市。竹川さんの言う運動は、「NPO法人森は海の恋人」(代表畠山重篤)が推進する「森は海の恋人運動」のこと。同市唐桑町のカキやホタテの養殖業者が中心となって一九八九年に「牡蠣の森を慕う会」をつくり、気仙沼湾に流れ込む大川の上流にある室根山を落葉樹の森にする植林活動をはじめた。活動の中でうまれた「森は海の恋人」という標語は全国にひろがり、漁師の手による森づくり活動の火付け役になった。

▼35 青木
青々としている樹木のこと。ここでは針葉樹のことを指している。針葉樹が紅葉しないことから青木と呼んでいるようである。

❖できんことはないと思ってる

信じているもの？　自分ですね。基本的に他人は信じないんですよね。まずは誰でも疑ってかかる。ぼく、本とか嫌いなんですよ。なにごともやってみて自分で決める。人がこう言ったからこうだっていうのは、ぼくの持論にはないんですよね。息子にはよく言ったんですけどね。「本にこう書いてあったからこうだ、じゃないんだよ。たとえそれが教科書でも。たしかにほんとのこともあるけど、それはすべてじゃない。書いた人がそうだっただけで、おまえもそうとは限らん。とにかくやってみろ」って。なんでも手を出して、いろいろ経験してほしいよね。あとは、日々全力ですわ。

あくまでぼくは、海士にこだわる。たまたま来た海士ですけど、そのたまたまを大事にしたいんです。海士のなにかがよかったっていうよりも、海士で出会った山下さんや藤澤さんなどと、もうこんだけつながっとるんです。ほんとにたまたまなんですけど、そういう出会いを大事にしたいと思っています。これでぱっとほかに行ってしまってはだめなんですよ。それが海士だろうがどこだろうが、それはどこでも同じことです。だから、なにかもうとんでもないことが起こらん限りはずっと海士にいるつもりです。出る気はないですね。全力でトライしたらの話なんですけど、基本的になにごともぼくにできんことはないと思ってます。いままで失敗したことはないんで。だから自信はある。けど今回ばかりはスタートも遅いし、簡単じゃないし時間はかかるとは思っています。

❖やっと戻ってこれた

いま、ずっとやりたいと思ってたことをやっとやれてるんですよね。当初の計画なら大学に入って、漁師になるはずだったんですよ。水産関係の大学を出て、どっかの船に乗ってって考えてたんですよね。それがいろいろあってなぜか山師になったりするんだから、人生どうなるかわからんです。でも、やっといま戻ってこれたんで、もう死ぬまで漁をやりたいですね。原動力っていうとなんだかわからんけど、やっぱり、自分自身ですね。

【構成／大賀由貴子・五味春香・津田成美】

第二部　海士はふるさと

増谷《ますたに》実香《みか》さん

あぁ海士いいなぁ

一九九五（平成七年）、島根県隠岐郡海士町に生まれ、海士町に育つ。聞き書き時は隠岐島前高校三年生。卒業後、地元島前の郵便局に就職。

❖海士生まれ・海士育ち

県立島前高校[1]三年生の増谷実香です。海士で生まれて、ずっと海士で育ちました。今年三年生で進路を決める時期なんですけど、うちはずっとこっちに残って神楽《かぐら》[2]を続けたいので、海士で就職をする予定です。就職先は一応郵便局で、いま必死に志望理由書とかを書いてる最中です。でも勉強はしたいっていうか、図書館司書の資格が取りたいって思ってるんです。高卒だったら色々めんどくさいんで、放送大学で大卒の資格を取ろうかなと考えてます。

家族はうちの母と父と。父は単身赴任で、うちが小学校三年生の時から本土の松江にいます。小学校の時までは結構、父のところへ遊びに行ってたんですけど、中学生になってからは、部活とかもあるし、というわけで、夏とか冬とかの休みのある時期にだけ行ってました。でも高校生になってからは本当に用事がある時にしか行かない。一人っ子ですけど、犬を二匹飼ってます。名前は、れもんと

▼1　県立島前高校　島前三町村における唯一の全日制高校。島前の過疎化・少子化を受け、二〇〇八（平成二〇）年より行政、学校、保護者などが「島前高校魅力化プロジェクト」（本章注6参照）と称する改革に着手。小規模を活かした少人数指導、大学進学を目指す特別進学コースと地

さくらです。シーズーの親子で、さくらが親で、れもんが子ども。海士で優雅に暮らしてます（笑）。

❖神楽との出会い

神楽を始めたのは中学一年生の秋頃の九月ぐらいからです。地域でやる祭りとかで神楽がおこなわれるんですけど、それは道中《どうちゅう》神楽って言われてます。祭りでの神楽の役割は、太鼓とか色々あるんですけど、それを見ていたら、手拍子《てびし》っていう金属の楽器をやってる人がいたんです。それを見て、うちは手拍子がやりたくなって、ずっと。それで、「手拍子やりたい、やりたい」って言っていたら、近所のおじさんが「二年後ぐらいにやらせてやるわぁー」みたいな感じで言ってくれて。それで二年後を待っていたら、その年の秋に海士の文化祭、産業祭があって、そこで「手拍子やるから来ないか」って誘われたんです。それで、「練習があるから来いや」みたいな感じでおじさんについて行ったら、そこに島前神楽同好会▼3っていうのがあって、それまでは同好会っていう存在を知らなかったんですけど、それがきっかけで同好会に入って、神楽を始めました。最初は手拍子がやりたいがために。

いまは手拍子もですけど、お面をかぶってやる舞い手もやります。面つけてやる舞いが、「能」っていうもので、素面《すめん》でやる舞いは「舞い」です。うちがやってる巫女舞《みこまい》は素面でやるほう。演目に女の人がいて、姫がいてってやつはお面つけてやります。

❖隠岐に伝わる神楽

島後のことは、あんまりよくわかんないんですけど、島前神楽と島後神楽、たぶん島後久見《くみ》神楽っていうと思うんですけど、この二つをひっくるめて、隠岐神楽といいます。そのなかでも、地域の祭りでおこなわれる道中神楽っていう神楽もあって、舞い方は島前神楽とほぼ一緒なんですけど、島前

域社会のリーダーを育成する地域創造コースの二コース制の採用など、特色ある方法で入学者数を増やすことに成功し、全国から注目されている。

▼2　神楽　神を祭るために神前で奏する日本古来の舞楽《ぶがく》。平安時代にその形が整えられた。和琴《わごん》・大和笛《やまとぶえ》・拍《ひょう》子《し》の三つ、のちに篳篥《ひちりき》（管楽器のひとつ）も加えて楽を奏し、歌をうたい舞う。

▼3　島前神楽同好会　菱浦《ひしうら》同好会、別府《べっぷ》同好会、知夫《ちぶ》同好会の三つから成る。増谷さんは菱浦同好会に所属している。

神楽は畳の舞台の上で舞うのに対して、道中神楽は地域を歩き回って、途中で止まって舞うんです。西ノ島でも、たぶん島後の方でも普通にあると思うんです。うちは、島前神楽を職業にしたいっていう訳ではないですけど、ただずっとやっていきたいです。

❖最年少メンバー

月に八のつく日が神楽の練習日です。師匠が一人で島前神楽の各地の同好会に行って教えてらっしゃるので、西ノ島の練習日に重ならないようにとか。七月と八月に地域の行事があって、七月、八月、一月は休みですね。西ノ島は第二金曜日が練習日だったような気がします。一応重ならないようにして練習しています。重なった場合は師匠次第で練習に来るか来ないか決まります。自主練とかもありますけどね。

うちが参加してる菱浦《ひしうら》同好会だったら全部で二十人ぐらいいるんですけど、みんな仕事とかあって、五、六人ぐらいしか集まらない。四人の時とかもありますね、三人とか。菱浦はうちが、いまのところ最年少になります。西ノ島とか行ったら、幼稚園児から高校生までいるんですけど。

菱浦同好会で一年に一回は自主公演しようって三月に決めたんで、行事とか、神楽やって下さいとか言われたら公演に行ったりしてします。

❖家族の支え

父にはあんまり神楽のことって話さないんですけど、うちが「この日に神楽の発表があるから、神楽やりに行くから！」って母に言ったら「ふーん」みたいな感じです。「ふーん」とか言いながらも、自分も神楽が好きだから見に行きたいんです。見に行こうとすごく努力して、どうやったら行けるか

写真一：神楽を行う増谷さん（中央）（提供：増谷実香）

考えてます。母も伝統芸能とか、民謡とか好きなので。父も、うちが父のいる松江とかで神楽をやった時には、写真撮影禁止なのに写真撮ったりして（笑）。父はどうかわかんないですけど、母はうちが神楽をやってることに対してすごく応援してくれてますね。

❖神楽が好き

神楽を辞めたいと思ったことは一度もないですね。神楽をやっていて、怒られたりっていうのもない。最初は手拍子だけやりたくて入ったんで、舞いをやることになった時は乗り気じゃなかったんですけど。

五年前（二〇〇七年）の十二月に松江まで行って神楽をやるっていうイベントがあって、それにうちが行く予定だったんですけど、お酒の席があるからっていう理由と、テストが近かったという理由で参加は駄目って言われてしまって。それを知らされた時にはすごいショックで家に帰って大泣きしました。それからは舞いもやりたいって思って、たぶんその時に、ほんとに神楽が好きなんだ、手拍子が好きなんじゃなくて、神楽自体が好きなんだなって思いました。そこからは、練習してない日とかもありますけど、神楽でいやになったことはないです。

尊敬する人は神楽の師匠ですね。神楽に詳しいところっていうか、それは当たり前なんですけど、そうですね、どういうところが尊敬できるとか考えた事なかった（笑）。なんか、おおーみたいな感じです。でも、普通にしてたり、お酒が入ったりすると、おじさーんって感じなんです。おじさんではないかな。厳しい部分もあるし、優しい部分もあります。

❖島前唯一の高校

クラスは三十一人くらいです。学校全体だったら、百三十人います。島外から入学する子が三分の一は占めてますね。三年生のなかには、六、七人くらいです。二、三年生はいままで一クラスだったんですけど。今年からクラスの数を増やして、今年から一年生が二クラスになりました。島外からの子は、みんな寮にいます。

島外から来た子と、文化の違いじゃないですけど、「にしめ」ってわかりますか？　みんなが集まる時とか、正月とか祭りの時とかに、大皿にどーんと置いてある、こんにゃくとか切り干し大根とかを煮たものなんですけど。「正月どうしてたー？」って話の時に、先生に「にしめってわかる？」って聞かれて、島外の子が「あれですよね、玄関に飾るやつですよね」って言ってて。それはしめ縄だよって話。そういうこともあったりします（笑）。

高校に入学してから最初の中間試験までみんな同じクラスで勉強します。で、うちらの時は試験の結果をもとに地域創造コースと特別進学コースに分かれました。地域創造コースはどっちかっていうと就職とか専門学校向きのコースで、特別進学コースは国公立大学に向けて勉強するコースです。特別進学コースは十人くらいですね。最初、うちは地域創造コースを希望してたんですけど、先生が特別進学コースでいけるっていうから、特別進学コースを選びました。で、ちゃんと二年生になってから、それぞれのコースにみんな分かれていきました。でも、うちは海士で就職するためには特別進学コースだったらちょっと難しいかなぁと思ったんで、三年生の時に地域創造コースに移動しました。

地域創造コースでは去年までは地域学っていうのがあって、それで地域の事を学んでいました。それから、いまは地域地球学っていうのがあって、地域と地球の出来事をからめて考えるっていうのをやったりしてます。ほかにも、生活ビジネス教養っていう科目もあって、二年生の時は名刺の渡し方とか、三年生になってからは面接の仕方とか、そういうすごく基礎的な社会に出て必要なことを学んでたらしいです。うちも三年生になってから入ったんで、全然そこらへんは詳しくわかんないです。

学校にある部活動はバレーとテニスとバスケ同好会とレスリング部です。あと文化部は地域国際交流部っていうのがあります。うちも一年生の時から入ってた部活が地域国際交流部でした。いまもやってます。活動は基本的に自分たちのやりたいことをやるんですけど、内容はお茶とか、ボランティアとか、あと英語とか韓国語とか勉強したりします。いまはもう、うちは引退したのでよくわからないですけど、たぶんいまでも週一でやってます。放課後の補習とか、ほかの部活と兼部してる人もいますし、そういうのもあってちゃんと活動ができる時間っていったら、週一かなってなってます。

三年生のいまになって、ああもうちょっと学校生活楽しんどけばよかったかなーとは思います。大人になって絶対高校生に戻りたいとか思うんだろうな、と。高校一、二年生の頃は高校ってもうちょっとゆっくりできるだろうなって思ってたんですけど、意外と忙しくて、もう中学生に戻りたいとか言ってました。

❖「海士にいたいからです」

小学校の時から海士にずっといたいって思ってました。中学校の時にうちが書いた弁論があって、それが町内中に回覧板で回ってしまって。そのせいで、たぶんほとんどの人がうちが神楽好きってのは知ってます。海士に残るっていうのも、うちがずっと言ってるんで、町内で知ってる人は多いですね。

それで、高校のコースを選択する時、だったら地域創造コースだろうと思ってたんです。しかも、数学の点数もあんまりよくなかったので。特別進学コースは絶対無理だろうって思ってたんですけど、先生に特別進学コースを勧められまして。はーっと思いながら特別進学コースにしました。でも実際にやってみたら、特別進学コースの方が普通にっていうか、それなりに勉強できて。地域創造コースはもう、勉強は基礎的なことからやってたので「こっちでよかったわー」みたいに思ってました。

うちは二年生の終わりの結構ぎりぎりまで、まわりに「大学行けばいいじゃん」みたいなことを言われてたんですけど、ずっと「いやです」って言ってました。でも周囲は「なんでいやなの？」って聞いてくるんです。それは、「海士にいたいからです」って答え続けてました。その理由はうちにもよくわかんなくて。一応、「神楽が好きだから、海士に残りたい」っていうふうには話してます。けど、どうなんでしょうね……全然理由が明確じゃないから、自分でも説明できないっていうか。まわりからは「お母さんが心配なんだよね」みたいな感じで言われるんだけど、そういうことではないと思ってますけどね。

まわりで、うちみたいにすぐに働いたり公務員になったりしたいっていうのは、三人ぐらいしかいなくて、そのなかでも島内に残るのは二人ですね。残りのほとんどは大学とか専門学校に行きます。

でも結構、外に行ってなにかしらを経験して、そのうち島に帰ってきたいっていう人は多いですね。とくにうちのクラスにはなぜか多いですね。ほとんどそう言っています。

❖海士の魅力

海士の魅力は「ひと」です。えっとですね、なんだろなあ。近所の人でも「これあげるよー」みたいな感じで、野菜とか採れたものとかをよくお裾分けしてくれるんです。その人の家に行ってご飯食べたりとかもします。親は飲んだりもしてます（笑）。うまく説明できないんですけど、そういうことが気兼ねなくできるっていうか、それがいままで普通だと思ってたんです。けど、うちが東京とか行ったり、逆にいろんな方が海士に来られて、ほかの地域の話を聞いてたら、「あぁ海士いいなぁ」って思いましたね。

あと最近、頻繁には行かないんですけど、崎《さき》▼4っていう地域が好きっていう感じじゃないんですけど、落ち着く場所です。そこに、おばあちゃんの家があって、山登ってぐねぐねした道を通って行くんです。お盆とか休みに行って、ぼーっとしてます。なにもないから、落ち着いてなんか集中したいことがあれば集中できますね。

❖変わりゆく海士

もういろんな方が海士にいらっしゃるんですけど、なんで海士に来るんだろうなあって、すごく感じてます。人が増えることはいいことなんだなあと、いろんな価値観も増えるし、すごくいいことだと思うんです。けど、やっぱり人が増えることで、それまであったものが崩れたりっていうか、うーん、難しいですけど、人が入ってきたら入ってきたで、いままでの海士の良さもちょっとなくなって

▼4　崎　地図参照。

るところはあるかな、と。Ｉターンの方が来てくださって、地域のこととかに尽力してくださってるのは、ほんとにわかってるんですけど、増えたら増えたでなーみたいな。人が入ればいいってもんじゃねぇ、みたいに思ったりもします。たとえば、いままでだったら、クルマで通り過ぎる人とか、すれ違う人は、「あ、こんにちはー」みたいに挨拶をしてだれかわかってたんですけど、最近になってだれだかわからない人が増えてきて「え、だれ、だれ？ あんな人いたっけ？」っていうことがあります。それに、人がいなくて静かな方が落ち着くこともあるので。

❖神楽を続ける、伝える

夢はなんですかって聞かれたら、やっぱり神楽を続けていくことです。いまはただやりたいだけなんですけど、まあそのうち自分が神楽を伝えていかなきゃいけない立場になるとは思ってもいるので。神楽を伝えるためにはその方法っていうか、そういうのも考えたいですね。あと、神楽だけじゃなくて海士の民謡とか方言、そういう地域文化っていうのをずっと残していきたいなあと思ってます。

こっちに隠岐國《おきのくに》学習センター▼5っていうのがあって、そのなかで夢ゼミっていう自分の将来の夢とか興味のあることを語ったり、プレゼンしてフィードバックしてもらったりとかしてもらう機会があるんですね。そういう授業のなかで、神楽だけじゃなくて、そういった地域文化をテーマにしたので、その過程で地域文化を残したいって思うようになりました。以前から方言とか残したいなあとは思ってたんですけど、そこでさらに思いが強くなったっていう感じですかね。

❖海士人として

海士のなかに高齢者の方が多いっていうのは、まわりを見てて実感します。年々、人口も減ってき

▼5　隠岐國学習センター　二〇一〇（平成二十二）年六月に設立した町立公営塾。離島・過疎地域が抱える都市部との教育格差を解消し、地域の子どもたちの自己実現を地域総がかりで支援する新しいモデル作りを目指す。島前高校魅力化プロジェ

てるし。でも、そのなかでも役場の方を中心にみんな頑張ってくださってるし、島前高校も一回廃校っていう話も出てたんですけど、それじゃあいけないっていう事になって、島前高校魅力化プロジェクト▼6っていうのを立ち上げたりしました。でもやっぱり、うちみたいにずっと島に残りたいっていう人は少ないとは思います。まわりの子みたいに、一回外に出てなにかしらを経験して帰ってきたいっていう人はいるんですけど、もっと下の年代の子にもうちみたいなそういう考えの人が増えればいいかなと思ってはいますけどね。実際に友達のみんなが出ていったら……まあまだその時になってないからいまは実感湧かないんですけど、全然会うこともなくなるし結構ブルーになりそうな気はするんです。でも先輩も何人かこっちに残ってる人もいます。その方々を見てたら頑張れる気がしてます。

　役場の方達の取り組みは、いままではなんかやってんなあくらいだったんですけど、海士に残ってなんかやるんだったら協力しなきゃいけないっていう部分もあるし、自分の好きな神楽もどうなるかわからないっていうのもあるので、このままなにもしなかったら地域文化も廃れてくから、自分ができることなら、やろうかなって思ってます。

【構成／大高翔一・小山夏実・藤田佳那】

クトの一つ。

▼6　島前高校魅力化プロジェクト　二〇〇八（平成二〇）年から行われている島外からも生徒が集まる学校づくりを目指すプロジェクト。島根県立隠岐島前高等学校の統廃合問題を受け、島前三町村、島前高校、町内住民が連携し運営している。全国から入学生を積極的に受け入れる「島留学」や、生徒の進路に応じたカリキュラム編成を行っている。

柏谷《かしわたに》　猛《たけし》さん

海士への想いと創造

——人が見える中で、どういうふうにやっていくか

一九七四（昭和四十九）年生まれ。海士出身。高校卒業後、大阪の専門学校へ進み、大阪で情報処理系の企業に就職。のちに海士へUターン。現在は海士町役場総務課に勤務。海士町役場の若手職員を中心とした団体Yahhaz《やっはず》▼1の一員でもある。

▼1　Yahhaz　「やっはず」と読む。海士のまちづくりを目的に若手職員で構成した組織。海士の方言で意気込みを表現する「やっはず」（やるはず）が団体名の由来。

❖出身と海士へ戻るまで

出身は、海士ですね。地区は、西というところです。高校三年生まで海士にいました。そこからは大阪の専門学校に二年間行って、大阪で就職して、十年くらい大阪にいましたね。そしてUターンで帰ってきました。だから二十八歳のときに帰ってきたのかな。

専門学校の頃は、コンピューターの情報処理を勉強しました。就職した先もそういうところです。ぼく転職してるんですけれど。最初は製造メーカーの方で、生産管理のシステム開発に携わらせてもらって。そこには三年いましたが、もっと違ういろんなシステムを作ってみたいなと思って、システム開発専門の会社に転職しました。

❖西ノ島役場と海士町役場の採用試験

海士に帰ったきっかけは……。ぼく、正直ここに帰りたくなかったんですよ。っていうのも、仕事がすごく充実していたので。これからだっていうときだったんです。ただ、知り合いに西ノ島[2]の役場の人がいて、「西ノ島の役場の採用試験があるから、受けてみないか」って言われましてね。当時のおれは帰る気はなかったんです。でも、「受かっても、帰りたくなかったら自分で判断したらいい」っていう条件をくれたんで、西ノ島の採用試験を受けました。結果的にはぼくは試験に落ちたんですけどね。「あーよかったよかった」とぼくの中では思いました。

ただ、西ノ島の採用試験を受けたという情報をどっから仕入れたかわからないんですけれども、うちの親が知っちゃったんですよね。もう「こいつは帰ってくる気があるんだ」と思ったみたいで。「隣の西ノ島を受けるくらいやったら、海士の採用試験だったら受けるんじゃないか」っていう風に。

うちの親父が公務員だったんですよ。海士の役場で働いてたんですね。親父が二、三年くらいで定年っていうときに、ぼくの元上司になるんですけれども、役場の中で電算[3]っていう仕事をやってたその人も、あと二年で退職っていうときだったんです。その後継者がほしいっていうのがあったんですよ。やっぱり一般的な人よりも、そういった知識を持った人を採用したいということで。

採用試験は冬の二月くらいだったと思うんですけど。もう急遽やったような感じで。冬の海士はすごい大荒れになるんです。船もすごい揺れる中を帰ってきて。最初の面接っていうのは、町長、副町長とかお偉いさんが、ずらーっと並んでいて、こっちは応募者二人が一緒にグループ面接だったかな？　最初は普通の質問でした。でも専門職をとるっていうことで、先ほど話したぼくの元上司がですね、最後に面接官としてきたんですわ。そして専門的な質問をするわけですよ。プログラミング言

▼2　西ノ島
地図参照。

▼3　電算
電気計算機のこと。ここでは情報処理部門のひとつを指す。

語のこととか、いままでやってきた経歴とかね。そこでたまたまぼくと気があって。お前そういうことやってきたのか、すごいなっていうことで採用されたんです。ですが、ぼくはそのときもまったく海士へ帰る気持ちはなかったんですよ。まったく。

帰りたくなかったのは、大阪での仕事が充実してたんですよね。この業界って技術とかが常に進歩してるんですよ。自分が作った作品が、世間に出回ってみなさんが使っているというのは、すごく優越感があるんですよ。ちょっとしたアプリケーションや大手の銀行のプログラムが、実際に動いてるっていうのが、ぼくの中ですごいんです。「もっともっと新しい技術や知識を得たいな」と思ってたときに、そういう話でしたからね。最終的には両親や親戚の人たちにいろいろ説得されて、半分あきらめた感じで帰ってきたということなんです。ほんとに海士が好きだから帰ってきたというわけではないんです。だから帰ってきてから一年くらいは、ほんっとに嫌で。もういまにも出たい、出たいといった感じでしたね。

❖変わったきっかけは上司の背中

海士への思いが変わったきっかけは、たぶん、上司に恵まれたんでしょうね。それと町長が変わったというのも一つの転機だったかもしれないです。いまでもそうですけど課長さんたちのパワーがすごくて。当時、いまの課長さんたちはまだ係長だったんですよ。そのときの話だったり、考え方だったり、そういうところがすごいと思ったんですよね。

当時、国は「e-Japan 構想」▼4 っていうインターネットを中心としたシステム構築や、情報発信っていうのに力を入れていました。そしてこれから海士がやろうとしてることが、外に物を売っていくとか、海士の魅力をほかの人に伝えていくっていうことだったんです。たとえば、キンニャモニャセン

▼4 e-Japan 構想
IT基本法(二〇〇一(平成十三)年施行)に基づき、国の情報技術化を推進するための方針のこと。超高速インターネット網の整備などをめざしていた。二〇〇六(平成一八)年以降はさらに発展的なユビキタスネットワークの構築をめざすu-Japan(ユージャパン)が方針として掲げられている。

▼5 キンニャモニャセンター
菱浦港に位置する海士町の玄関となる施設。一階には、隠岐汽船管理事務所と待合所があり、そのほか観光案内所、地場産品や鮮魚直売店、農漁民朝市がある。二階にはレストランなどが軒を連ねる。「キンニャモニャ」とは、しゃもじを持って踊る陽気な民謡「キンニャモニャ」に由来する。

▼6 CAS
Cells Alive System の略

ター[5]っていうターミナルができたり、そこの近くにCAS[6]ができたり。隠岐牛のブランドができたりとか。そのような施設が段階的にどんどんできていくんですけど。そのちょうどはじまりのときで。

役場の中の基幹システムとかをバックオフィス[7]っていうんですけれども。役場の職員が日々仕事として使うシステムのことです。それに対して、物を売ったり、情報発信するシステムを、フロントオフィス[8]って言うんです。もともとバックオフィスがメインだったのが、これからはやっぱりフロントオフィスが重要だということになって。当時の係長さんたちは、まちづくりっていうものに、すでにすごいビジョンを持っていて。そういうのを見て、「面白いな」と思ったのがきっかけですね。ぼくがまだ入って一年、二年っていうときに、国に補助金を取りにいったり、自分たちで考えたことを提案したりというのが一番のきっかけですかね。ちょっとずつ変わっていったという感じです。

❖海士での最初の仕事

ぼく二〇〇一（平成十三）年の七月に帰ってきてるんです。最初の方は、役場で元上司が一年半で辞めるということで引継ぎをして、電算の仕事をしてました。むかしは、役場の中に二、三台パソコンがあって、それをみんなで共有するような感じでした。ぼくが入ったころも、インターネットっていうのがそこまで普及してなかった。そこで、インターネットの普及や、住基ネット[9]の管理をしていました。ほかにはパソコンのネットワークの構築や、その中で動くアプリケーションの管理だったり。そういうところがメインでしたね。

❖海士ってどんな町

大阪から戻ってくると、海士はもう全然、変わってましたね。まず道路がきれいになってた。年に

称。特殊な急速冷凍技術のこと。水産物などを鮮度を保ったまま冷凍することができる。海士町では二〇〇五（平成十七）年に「CAS凍結センター」が完成し、水産物の冷凍販売を行っている。

▼7　バックオフィス　事務処理部門とも呼ばれ、後方で事務や管理業務を行う部門のことを一般的に指す。

▼8　フロントオフィス　住民や島外に向けての情報発信や、情報通信技術を活用する部門のこと。

▼9　住基ネット　住民基本台帳ネットワークシステムの略。居住関係を公証する住民基本台帳（氏名、生年月日、性別、住所などが記載された住民票を編成したもの）をネットワーク化し、全国共通の本人確認ができるシステムとして構築された。二〇〇二（平成十四）年から発足。

何回か、最低一回は帰ってきてたんです。その辺で、どんどんきれいになっていくなぁというのは感じましたね。逆に変わってないっていうのは、やっぱり同級生だったり、後輩だったりがいたんで、そういうのは変わってなかったですね。

　海士出身の同級生はみんな顔見知り。もう保育園からいっしょですからね。ぼくらの年の海士出身は全部で五十、六十人だったかな？　で、海士にいるのはそのうちの十人くらいですから、だいたい五分の一くらいかな。けっこう帰ってきたタイミングって一緒なんですよね。ぼくが帰ってきたときに、同級生や後輩が一緒に帰ってきたりしてますね。まぁ五、六歳年下とかになるとわからないですけどね。

　海士の中では、そんな関係なんですけど、ほかの島に対しては、心の片隅のどこかに、負けたくないっていう思いがありますね。基本的に、西ノ島は隣っていうこともあって、意識してるんでしょうね。隠岐には隠岐陸っていう小学生と中学生が中心の陸上大会があるんですよ。小さいときからほかの学校には負けるなっていう教育方針ですから、とくに違う島の学校に対しては負けたくないって思います。お互いがそうですよね。

　ただ、高校生になったら西ノ島も知夫《ちぶ》▼10も島前▼11はみんな一緒になるんです。そこでは同級生とか後輩とかいうのは全然仲良くなるんですけれど。基本、海士は、負けずぎらいな人が多い気がします。

❖「ミンナーカイブ」で歴史・文化保存

　プロジェクトは、いろいろやってきたんですよ。まず、二〇〇一（平成十三）年の高速インターネット事業で、インフラ整備を行いました。そのあとは整備したインフラを有効活用するためのソフト開発とか。当時ではすごく画期的だったと思うんですけど。Google Earthっていう上空から航空写

▼10　知夫
島前のひとつ、知夫里《ちぶり》島を指す。知夫里島の知夫村は島根半島沖合の日本海に浮かぶ隠岐諸島の最南端に位置する。

▼11　島前
隠岐諸島のうち、西ノ島、中ノ島、知夫里島の3つをあわせて、島前《どうぜん》と呼ぶ。

▼12　アーカイブ
英語のarchive「公文書・公文書保管所」が語源。インターネット上で公開された情報ファイルを保管すること。

▼13　特殊なプラグイン
アプリケーションプログラム（特定の仕事を処理するために作られたプログラム）に組み込んで、機能を拡張させるプログラム。特定の形式のファイルを読み込めるようにしたり、操作性を高めたりするために使われる。

▼14　デジタルアーカイブ
博物館、美術館、公文書

真で、どんどんどん下に下りてったら、詳細が見れるものがありますよね。実は二〇〇二（平成十四）年のときに、海士でもう作ってるんですよ。Google より早く。それを「ミンナーカイブ」っていうんですけど。皆すべてをアーカイブ▼12するっていう造語で。ある程度プライバシーの制限をしてありますが、拡大していくと結構きれいに見えますよ。

きっかけは、「何かやろう」って思ってたときに、その技術をある企業が提案してきたんです。ただそこは航空写真じゃなくて、貴重な写真とかを保存する目的でした。拡大すると物に傷がついてるのも見えるくらい、きれいな画像だったんですよ。そういうのを見て、それなら航空写真を使ったらいいんじゃないかという話になりましてね。ただ航空写真見せるだけじゃつまらないので、いろんな情報も貼り付けたんです。地図上にあるポイントをクリックすると、隠岐神社や明屋《あきや》海岸などの海士の景勝地・歴史・文化の解説が見えるような仕組みを考えました。それを総務省にプレゼンしたら採用されて、実現したんです。それは面白かったですね。いまでもミンナーカイブはあるんですけど、特殊なプラグイン▼13をインストールしないと見ることができないんですよね。なので、なかなかその普及には至らなかったですけどね。なにがいいかって、語り部つまり、昔話を知っている人だとか、絵本を書いている人だとか、そういうのを全部デジタルアーカイブ▼14しているんですよね。もう語り部さんの中にはお亡くなりになっている人もいるんですけど。それがいまの貴重な財産になっていくと思うし、そういうのを残していくっていうのはすごく重要かなって思っています。

❖革新的な冷凍技術CASとICT▼15

CASって知ってます？　Cells Alive System っていう特殊な冷凍技術なんですけど、細胞を壊さず解凍してもうまみ成分であるドリップがでないので、とれたての新鮮な味が復元できる冷凍庫を導

館などの所蔵資料を電子化して保存・公開するシステム。絵画、彫刻、文書、写真、映像などを対象とし、インターネットを通じて資料目録を検索したり、デジタル画像などを閲覧したりできる。

▼15　ICT　information technology and communication technology の略。情報通信技術のことを指す。ITとほぼ同義語で、日本では、情報処理や通信に関する技術を総合的に指す用語としてITが普及している。しかし国際的にはICTが広く使われる。

入して、主に水産物を加工して販売する会社を作ったんですよね。そのＣＡＳとＩＣＴをうまく連動させて、なんかビジネスに繋げられないかっていうのを考えて事業化しました。

仕組み的には、漁師さんがＣＡＳの工場に新鮮な魚介類を持ってきますよね。でも漁師さんって、だいたいは夕方に港を出て、夜中に漁場に着いて、明け方に港に戻るんです。そうすると、ＣＡＳで働いている人たちっていうのは、朝早い段階から、漁師さんが持ってきたものを仕入れしなければなりませんね。でも、どの漁師さんがなにをどんだけ持ってくるかがわからなかったんです。それをＩＣＴでデータ化しようという提案なんです。それと、食品の安心・安全っていう観点でトレーサビリティ[16]というものですね。たとえばスーパーに並んだイカが、どこの産地で、どういう風に、いつ獲ったのかっていう情報が、ＱＲコードを携帯電話で読み取れば、情報が出てくるっていうシステムを作りました。ＣＡＳも立ち上げ当初だったので、互いが試行錯誤という感じで、現実はあまりマッチしないシステムだったかもしれません。

❖ 予期せぬＣＡＳへの異動

いまはまた情報政策にいるんですが、実はぼくね、二〇〇六（平成十八）年ぐらいに町長に呼び出されて「君は明日からＣＡＳに行きなさい」と言われました。ずーっと電算で、システム関係のことやってたので、えって思いました。キンニャモニャセンターのちょっと先に行った所にＣＡＳの工場があるんですけど。ＣＡＳは第三セクター[17]つまり半分民間、半分行政っていうような感じだったんです。その当時、ＣＡＳの中にあった産業創出課っていう部署に総務課から配置替えになりました。それは、ＣＡＳとＩＣＴを連動させるシステムの事業をやった関係で、「実際現場に入らないとできないでしょ、行きなさい」って言われたんですね。ただ実際には、商品開発から在庫管理だとかの仕事

▼16 トレーサビリティ
工業製品や食品、医薬品などの商品・製品などを個別に識別して、調達・加工・生産・流通・販売・廃棄などにまたがって履歴情報を参照できるようにすること、またはそれを実現する制度やシステムをいう。

▼17 第三セクター
国や地方公共団体と民間企業等との共同出資で設立される事業体のこと。

がメインになってきたんです。その在庫管理に関わるシステムを作ったりしてました。

その頃ＣＡＳにはＩターンの方がたくさんいました。そこには当然考え方の違いはありました。「儲けたい」っていう考え方が強い人がいたんですよ。つまり自分たちが儲けて、お金持ちになって、ここで生活してければという思いです。ただ海士でのものづくりっていうのは、そうじゃないんですよね。価格で競争すると大手に負けますんで。だって安く仕入れて、大量に作って、大量にさばけば、大抵コストは落ちます。そこと勝負してもしょうがないじゃないですか。そうじゃなくて、ここの産地にＣＡＳを入れる意味だとか、付加価値を付けていって、ブランド化していかないといけないんですよね。儲けたい、どんどんさばいて、やっていきたいっていう人たちは、意見の食い違いとかで、「合わない」って言って辞められた方もいます。

ぼくはシステムをずーっとやってたんですけど、途中でＣＡＳの営業をやることになりました。ぼくらは食品の知識なんてまったくないし、ただ海士でＣＡＳを入れて、美味しいものを消費者に届けたいっていう思いだけでやってました。でも営業先の東京とか大阪の会社はプロなんで、品質管理だとか、価格のことだとか、いろんなことを言ってくる訳ですよ。でも逆に、それがすごい勉強になったっていうのは、ぼくの中であるんです。ＣＡＳに行ったことで、いまの自分があるのかなって思います。大手企業の人たちと話をすることって、すごく重要なんですよね。役場の中にいたら、外と関わることってそうないんですよ。それに対してＣＡＳは外の人たちに対しての営業なんで、すごい勉強になりましたね。

❖ＣＡＳの商品を携え上海へ

ぼくは公務員なのに上海に三回行ってますからね。ある商社と協力して、ＣＡＳの営業で商品を持って行きました。上海は食べ物が、あまりおいしくないみたいなんです。でも日本人は上海に結構いるらしくて。そこをターゲットに美味しいものを届けたい、ということです。長崎とかでは上海まで飛行機で一時間、二時間の距離なので、食品を空輸してるんですよ。でもやっぱり鮮度は落ちるんですよね。そこで、鮮度が落ちないのはＣＡＳしかない。そこに商社の社長さんは目をつけたんです。そして海士まで来て、ＣＡＳの技術を使った食品を食べて、「これはいける」ってことで、輸出することになりました。いまではＣＡＳの商品は、ドバイとかにも出ています。グローバルなんですよ。

❖慣れない営業で海士を売り込む

ぼくはシステムとかを専門に仕事をしていたので、ＣＡＳの営業は職種が全然違いました。だから最初は抵抗がありました。ただ、考え方は「海士」っていうブランドを売っていくことです。ＣＡＳって、「魔法の箱だ」って言うんですけど、たしかにすごいですわ、あの技術は。ただ、なんでもＣＡＳに入れたら美味しいものができるって訳じゃない。ＣＡＳを東京・大阪とかに入れても全然意味がないんです。そこまで来るのに鮮度が落ちてしまいますので。

お客さんから結構言われますよ。「品質がいいのはわかるんだけど、価格が高いから安くしてくれ」って。それはわかります。でも、こだわりをもった商品開発をしないといけない。海士にＣＡＳが入ってる意味っていうのは大きいんですよ。産地にＣＡＳが入っているから、美味しいものができるっていうことを、ぼくらは自信を持ってお客さんに言えるんです。そしてＣＡＳを売っていくんじゃなくて、海士のシロイカや岩ガキを売っていくんです。当時「海士まるごとブランド化」[18]っていうような構想があったんで。だから営業では、どっちかと言えば「海士をＰＲする」という考え方でやってました。

▼18　海士まるごとブランド化
海士町における「島まるごとブランド化」のこと

結局、ＣＡＳには二〇〇八（平成二〇）年までかな。三年ちょっといましたね。

❖Yahhaz《やっはず》のはじまり

正式にYahhazっていう組織で活動しだしたのは去年です。Yahhazはね、ぼくと渡辺くん[▼19]ともう一人が最初に集まって話したのが、元々のきっかけですかね。具体的なことはないんだけど、「なんかやろうや」っていうことでした。

役場の中の仕事だけじゃ、やっぱり物足りないところがあったんですね。いまの課長さんたちはすごいパワーがあるんですよね、で、その人たちがいまの海士のベースを作ってると言っても過言ではないくらいです。みなさん係長のときからビジョンを持って、まちづくりをやってきています。でももう五十歳なんで、最後までがんばってもらったとしても、十年きってるくらいなんです。そして課長さんたちが心配しているのは人材育成のことで、次の世代がなかなか育っていかないっていうのが悩みでもあったんです。そして最初にぼくに話があって、具体的なことはまだ全然考えてないですけど、とりあえず「なんかしようやって話から始めてみますわ」ってことで最初その三人ぐらいからスタートしたって感じですかね。

❖　役場の名刺づくりプロジェクト

当時、役場の人たちが使ってた名刺って、バラバラだったんです。人それぞれ、縦も横もある。名前と部署しかなかったり、派手な名刺だったり、いろいろあって。そこで町長が「名刺をちょっと統一しようや」ということを提案しまして。「お前らちょっとやってみろ」って言われたんです。それでYahhazの中で、名刺を作るプロジェクトをやってできあがったのがこれですわ。（写真一）

をさす。二〇〇四（平成十六）年に策定された海士町政の経営指針の中のひとつ。地域環境と地域資源を有効活用し、第一次産業の再生をめざすコンセプトのこと。

▼19　渡辺くん
同僚の渡辺祐一郎さん（第六章参照）

写真一：柏谷さんから頂いた名刺。（一部プライベート情報のために加工済み）ベースがシアン色で白字タイプ。柏谷さんは名刺の裏側（写真左）に海士町の特産品の写真などを記載している。（撮影：上田紗有季）

一応こだわりがあって。まずひとつは黒字でシンプルなのがいいっていう意見が結構あって、そのタイプをひとつ作りましょうと。そしてもう一個は、海士をイメージする色ってなんだろうって考えたときに、海の色の青だったんですね。日本海側ってもうちょっとくらーい青の海なんですけど、それにはしたくなくて、もうちょっと明るい色に。これ実はシアン一〇〇パーセントの青なんですよ。ＣＭＹＫ[20]やったかな？　そのＣのシアンっていう、プリンタのインク交換するときの青い色ですね。つまり混ざりっ気がない。混ぜない、っていうこだわりでこの色にしました。ベースがシアンの色で白字になるものと、その逆のものと全部で三種類。これを職員一人ひとりに「どのタイプにしますか」って言って、ぼくが注文受けて出してます。名刺屋さん

▼20　ＣＭＹＫ　Cyan（シアン）、Magenta（マゼンタ）、Yellow（イエロー）、Key plate（主にブラック）の色調の頭文字をとったもの。雑誌などの印刷に使われるほか、インクジェットプリンターの四色印刷にも使われる。

に発注するわけではなくて、名刺の用紙があって自分のパソコンから印刷します。裏は自由なので人それぞれです。「ないものはない」の二つの意味を書いている人もいれば、ぼくみたいに色んな特産品集めたものもあります。

名刺づくりの中での苦労もありましたよ。最初、町長から名刺のデザインを作るように言われてたんで。名刺のデザインっていったら、思い浮かぶのは、縦にするか横にするかとか、名前の位置どこにするか、フォントどうする、色何にする、っていうことだとぼくは思ってたんですよ。

❖「ないものはない」か「やっはず」か

この「ないものはない」っていう名刺で共通のデザインにしたのは、高知県にいらっしゃる梅原真▼21先生っていって、すごい有名なデザイナーさんです。さざえカレー▼22のパッケージもデザインしてもらったんですよ。途中から、その方に名刺もデザインしてもらおうってことになったんですよね。先生とやり取りする中で、「海士を一言でたとえたらなにってことを考えてきなさい」って言われて。「ないものはない」は、ぼくらがいろいろ考えて出てきた中の、最終的な一つなんです。その当時Yahhazが五人だったのかな、五人で集まって、ホワイトボードに書いたり、付箋にぺたぺた貼っていって、百ぐらいフレーズが出たんじゃないですかね。

でも、ぼくらの中でのイチオシは実は「やっはず」だったんですよ。「やっはず」って海士の方言なんですけど、「できるはず」、「もう絶対やるよ！」という意味です。いまの課長さんたちがよく使うんですよね。どっちかって言ったら、真剣じゃないときに使うんですよ。「そんなこと、お前できっかえ?」っていう問いがあったときに、「やっはず」って言うんです。できるかどうかはわからんけど、意気込みだけはあるよ、という感じです。それがすごい素敵だな、と思ったんですよ。できる

▼21　梅原真
高知市出身のデザイナー。一九八〇（昭和五十五）年に梅原デザイン事務所を設立。「デザインを一次産業のために使いたい」という思いのもと活動を続けている。著書『ニッポンの風景をつくりなおせ―一次産業×デザイン＝風景』羽鳥書店、二〇一〇年）などが有名。

▼22　さざえカレー
海士町のご当地カレーのこと。もともと海士でカレーの具にサザエを使用していたことから、特産品としてPRをはじめた。レトルトカレーとしても販売されている。

かどうかはわからんけど、とりあえずトライしてみる、っていうことが。だから最初は「やっはずでいこう」って言って、その前に経営会議、つまり課長さんたちが集まる会議にもかけたんですよね。そこで、海士を一言で表すなら、「やっはず」がいいですよと提案しました。

そして、梅原先生のところに原案を持っていって、提案したら「ちょっと違う」と言われたんですよね。たしかに「やっはず」はいいんだけど、方言だから、外の人にはちょっと伝わりにくい。海士の人はすごくわかるんだけど、外の人に「やっはずってなんですか」って言われたとき、いまぼくがみなさんに言ったような説明をしないといけない。説明なしではわからないっていうのは、難しいということで。一目で見ただけで、その人がどう捉えるかが重要だと先生に言われました。

そこでさっきの百個あるフレーズを先生にも出したときに、先生は「ないものはない」を気に入ったんですよね。でも「ないものはない」は、そういうつもりで出したんじゃなかったんですよ。二つの意味があるなんて、まったく思わずに出したんです。島だからないものはないんだ、というちょっとネガティブな、開きなおった感じというかね。でも、先生にこれには二つの意味があるって言われて、俺らも、はっと気づいたんです。「ないものはないで仕方ない、必要ない」という意味と、「大事なものはすべて海士にある」という意味です。なるほどと思いました。ただね、経営会議にもかけて「やっはず」でいくって言ったのに、梅原先生に「いや、こっちのほうがいいんじゃない」と言われて、そうしますというのは、俺らの中で嫌だったんですよね。ポリシーがないじゃないですか。なのでそのときは、すごいみんなで議論しましたよ。「ないものはない」は、いいってわかってるんだけど。どういう風に方向転換して理由づけをするかということを、きちんと考えて会議に持っていかないといけない。お前ら何やってるんだと言われるのは嫌だったんで。

❖「やっはず」が「Yahhaz」へ

そのときのチームはまだ「Yahhaz」とか全然なかったですよ。そこで「やっはず」ということばをどっかに使いたい、と思ってチームを「Yahhaz」にしようということになったんです。それを考えたのはIターンのメンバーです。その子はIターンの視点で、いろいろ考えてくれます。ぼくはUターンなんで、地元のことはわかります。でも海士の常識と外の常識の違いがあって、海士の常識が外から見たら非常識だったり、外の常識が海士から見たら非常識だったりすることがあるんですよね。Yahhazの中でも、その子がIターンで、しかも女性なので、違う視点からものを言ってくれます。いいバランスが取れてますよね。Yahhazは、いま八人います。海士で生まれ育ったUターンが二人いて。Iターンが女性一人と、男性は四人。そしてもう一人女性が西ノ島出身なんです。本当にバランスが取れたチームだと思います。

❖変化した役場のつながり

この名刺を作るプロジェクトから始めて一年経ったぐらいからは、いろいろと役場の仕事について勉強会をやったりしました。むかし、役場の中では、ほとんどの課は一緒やったんですよ。だからそれなりの情報交換だとか、人の交流があったんです。でもいまはキンニャモニャセンターとか、CASとか診療所とか、役場の出先機関がたくさんあって、課がばらばらなんで、情報交換がなければ、交流もあまりなくてですね。たとえば、仕事を終わったあとに、ちょっと一杯飲みに行くかというのも、完全に少なくなってます。それに仕事を頑張ってるんだけど、実際にどういう仕事をしてて、どういう思いをもってやってるかということが全然わかんなくて。そこでYahhazが集まるようになって、各部署でどういうことをやっているかまず勉強しようということになりました。その部署の人が講師になって皆に説明していくことをやっていました。

Yahhaz でいろんな話をしますけど、結局これからどうしていくかということがメインになって。たとえば、自給自足化できる島にしようとか、エネルギー問題だとか。一次産業をどうしていくとか、話題がどんどん出てきてですね。いろいろ話し合ったんですけど、結局、答えが出ないですよね。なので最終的にもう一回ここで考え方をみんなでまとめようということで、一回ワークショップをやりました。そこで気づいたことは、最終的にはチーム力だということです。ビジョンだとか戦略というのは、当然もっと上の人が決めることです。そこでぼくらは考えを持ちつつも、いざ行動するって言ったときに、動ける人間というのを作っていかないといけない。そういうみんなの共通認識になりました。

チーム力を高めていこうという結論になったときに、このチームで「何かしようや」って考えました。海士ではミニバレーという、ちょっと柔らかい大きいボールで四人ぐらいでやるバレーがさかんなんです。以前は部署でもそういったレクリエーションや、部署間や部署内での飲み会をやっていたんですけど、ここ最近はなかったので。なのでまず Yahhaz の中でスポーツ大会と交流会をセットでしようということで、企画しました。ミニバレー大会を昼にやって、その後に交流会という一連のイベントを、八人が協力しながら、やったという感じです。

❖大事なのは一次産業と海士らしいおもてなしの心

Yahhaz の中で、自分がここは譲れない、第一だと思っていることは、一次産業をなんとかしないとだめだということですね。この島で生き残っていくって言ったら大げさですけど、ぼくはＣＡＳに行ってたから、すごいわかるんです。一次産業がベースで、二次、三次があって、いまは第六次[23]とかいってね、複合的な産業があるんですけど。一次産業をベースにしていかないといけない、と思います。漁師さんが高齢になって、後継者というのが少ないですよね。せっかくＣＡＳがあるんだけど、海産物を獲りに行かなくなったんじゃ困るわけです。ＣＡＳのほうも、商品ができないんで。あと、いま海士は田んぼがあってお米を作ってるんですけど、となりの西ノ島では作ってないですよ。そういう米作りをする人もいなくなったら、どうなるのっていうことです。そのへんは今後、考えていかないといけないかなというのがあります。

あとは「おもてなし」ですね。おもてなしの心というか。どういう風に海士らしいおもてなしをするのかを身につけないと、という気がします。この前の Yahhaz のミニバレーボール大会とか交流会の中でも、参加してる人をどうやって楽しませるかは大切だと思いました。ちっちゃい単位ですけど、役場のような組織で上手くできないと、観光客やお客さんに対しても、おもてなしできないでしょう。最終的には、海士全体のおもてなしに繋がっていくんじゃないかな、と思ってます。この Yahhaz の中での基本の考え方っていうのは、譲れないのかなと思います。

海士ではビアガーデンを毎年夏にやってるんですけど、去年から Yahhaz として出店してるんです。そこでは地元の商品にこだわっています。メニューもね、豚バラトマトって言って、トマトはこっちで採れるんで、それに豚バラを巻いて、串にして、炭火で焼くっていうものです。やっぱりそういう地元のものを使った商品づくりを考えています。たとえばキュウリの浅漬けを、またこれも棒に差して、冷やしてね。あれは子どもに大人気なんですけど。そのキュウリも、海士で作ったものです。あと、夏野菜のカレー。これも海士でとれた野菜を使っています。ビアガーデンに来る人たちって、地元の人がメインなんです。地元にこだわった商品を、地元の人に「美味しい」って言ってもらえるよ

▼23　第六次
第一次・第二次・第三次産業の複合的な産業化を目指した理念のこと。地元の特産物を生産から加工・販売まで一括して行うことで、地域内消費や地域の活性化をめざす取り組みなどがあげられる。

うな作り方をして、提供しないといけない。そこでも「おもてなし」の心っていうのは、養っていってる気はしますね。自分たちで商品を考えて、準備して、販売して、そして片づけしていく。すべて自分たちで行動していくっていう所がYahhazの集まりの中で、ちょっとずつできあがってきました。それを仕事に置き換えたときに、自主性が身についていくんじゃないかなって思います。ぼく自身もまだまだなんですけど、身近な所から、おもてなしの心や自分たちで行動する意識、志が仕事につながっていくんじゃないかなっていう風には思ってます。

❖Uターンとしてできること　Iターンとしてできること

町長は、よく講演会とか行ってるんですけど、マスコミとか国や県の人にね、「海士町さん、どうやって良い人材を集めてるんですか?」って言われるようですよ。でもとくにそういう戦略とかはなくて。人が人を呼んでくるんですよね。海士が好きでIターンして来た人が、次の人に声をかけて、「ここはいいよ」とか言ってくれて。なので、とくに町として何かやっているということはないです。「人が人を呼んでくる。だからそういう人との交流は大事です」と町長は言ってます。それがさっきのおもてなしっていうことにもつながってくると思いますね。

Iターンの人に対して、Uターンとして思うことは、あのー正直言って、悔しいですよ。こんだけ話題をIターンに持っていかれてるっていうのは。まぁなかなかUターンって帰りづらいんですよ。まず、仕事がない。でも仕事がないっていうのは言い訳であって、Iターンの方って仕事を作りに来るんですよ。ぼくらの考え方っていうのは、ちっちゃい頃の教育の問題があったのか、自分自身の心が弱いのか、ぼくらの親もそういう考え方ですよね。結局役場だと安定しているから、役場で募集があれば、「帰ってこい」っていう話になります。でも漁師だとかそういう安定性のない仕事に、帰ってくるっていう思いは、Uターンの人たちにはあまりないかもしれません。Iターンの人たちは、そういう訳じゃなくて、漁師でも、ものづくりでも、海士でなんかビジネスを、という考えも当然あるでしょうし、やる気もあるっていうことで、そこの違いはあるんですよね。

いま島前高校では地域学っていうものがあって、仕事はなくても自分で作るんだ、海士に戻ってくるっていうような考え方を教育に取り入れてるんで、いまの高校生や、ちょっと前の高校生には、そういう教育がされてると思うんですよね。ただ、ぼくは絶対外で経験してくるべきだと思います。まちづくりの部分で、これだけのIターンの方がいなかったら、CASも隠岐牛もできてませんよ。Uターンの人が帰ってくるかって言ったらなかなか帰ってきませんから。Iターンの方が来ることによって、そういった事業が成り立ってる。人口も自然減少で減ってはいるんですけど、減る率が全然違う。Iターンが来なかったら、もっと、どすんと下がっているところが、なめらかに多少減ってる感じなんです。こうやって注目されてることは、町づくりとしてもすごい良いんですよね。だけど、Uターンとしてはね、すごい悔しい。ただね、Uターンの団結力はすごいですよ。

ぼくフットサル▼24やってるんですけど、そのチームがほとんどUターンの集まりですね。島前高校サッカー部の後輩がずらーって並んでいる中に、Iターンがポーンって入ってきたときになかなか馴染めなかったりするときがあるんですよね。そこでむかしの話題が出てきたりすると、どうしてもうまく入れなかったりするんです。決してぼくらが受け入れないって訳じゃないんですけどね。Uターンもね、これから活躍していかないと、たぶんだめだと思うんですよね。Uターンは、Uターンができることがあると思うんで。まぁ、いろいろやってはいるんですけどね。その一部がフットサルであったりします。

▼24　フットサル
五人制のミニサッカーのこと。サッカーの九分の一程度のフィールドで行う。

❖手作りのフットサル大会

フットサルは、ぼくがリーダー的な立場でやっているんです。高校生の頃、サッカー部でしたので。海士に帰ってきてからは、五人でできるフットサルをずっとやってました。離島なのでなかなか試合ができないから、試合をする機会がほしいと思って、フットサルのメンバーで話し合った結果なんですけど、「じゃあ、海士で大会やる?」っていうことになりましてね。ほとんどがUターンの集まりなんですけど、全部企画して。準備から運営から片付けまでやって、大会をやってます。第四回までやってるんですけど、来年の五月には第五回で記念の年になります。でね、元日本代表の小倉隆史。[25]あの方は海士のフットサル大会に二回来てますからね。小倉さんは、ぼくと同い年なんですけど。やー、ぼくが高校三年生のときに、四日市中央工業で全国優勝してますから。そのときの小倉さんを見て、「こいつすげぇ!」って思いましたね。おんなじ高校生とは思えないくらいスーパースターだったんですよ。海士にゆかりはないんですけど、Yahhazのメンバーの一人が小倉さんと同じ三重県出身なんです。事務所に連絡したら、「いいですよ」っていう話になって。海士に来てもらって、トークショーとか、キックターゲット[26]とか、交流試合もやりました。最後に交流会もやって、一緒にどんちゃん騒ぎしましたね。だから、ぼくはあの小倉隆史と一緒にボールを蹴ってますから(笑)。ほかに参加してくれたチームは、東京、埼玉、広島、岡山とか、けっこう遠くから来てくれたんです。その大会に小倉さんが二回も来たっていうのはね、よかったですよ。

それでね、小倉さんも「フットサルでまちづくりっていうのは難しいとは思うけど、やるのがすごいことだ」と言ってくれて。こういう海士のような所からサッカーを発信することで日本のサッカーが強くなったり、サッカーで交流することで何か気づくことがあったり、サッカーで親交が深まるこ

▼25 小倉隆史 元サッカー選手。一九七三(昭和四十八)年うまれで三重県出身。サッカー日本代表にも選ばれ、海外でのプレー経験もある。現在は解説者・タレントとして活躍している。

▼26 キックターゲット サッカーのゴールに設置された的を、蹴ったボールを当てて、点数を競う遊びのこと。

とってすばらしい、と言ってくれたんです。すごくいいことばをもらったんですよね。ちょっとまた自分で言って泣きそうになっちゃったんですけど（笑）。第二回大会に最初呼んだんですけど、第三回にも来てくれました。そういうつながりが嬉しくてね。このイベントは、Uターンの人が中心で企画しました。交流会でも地元でバンドやってる人を呼んで盛り上がってますね。ホームページに書いてフットサル大会に来てくださいっていうのじゃ集まらないですから、実際に会った人とのつながりで、また新しいチームを呼んで、さらに交流していくということをやっています。だから、ちょっとUターンもがんばって自分たちも楽しんでいかないとな、という話でした（笑）。

❖自分たちでつくっていく町づくり

仕事する中でも、先ほど話した上司が、海士のことを思いながら仕事してるんだなぁって感じることがすごく多かったです。単純に「かっこいいなぁ」って思ったんですよね。いま思うのは、公務員の姿ってそういうことなのかなと。どうしても都会に行くと、ルーティーンワークが主になって、与えられた仕事しかできない。大きくなればなるほど人が見えないっていうことになってくると思うんですよね。でも海士は、島で町が成り立っているし、二千三百人くらいしか人口がいない。人が見えるっていう中で、どういうふうにやっていくかっていったら、自分たちでつくっていくんだ、という想いかな？　やっぱり普通の考えの公務員じゃできないんですよね。そういうことから、ちょっとずつぼくの中で気持ちが変わっていったんですかね。

合併問題もあって、結局海士は合併せずに自立して単独でやっていくんだっていう方向性が決まった中で、ＣＡＳだとか、隠岐牛とかが、だんだんに大きなプロジェクトになっていきました。そういうのが楽しい。楽しいって言ったらあれですけど。もちろん大変だったところもありますけれど、そういうものが形になっていく。前にぼくがやってた仕事みたいに、何かぼくらが自分で考えて作ったものが、皆さんに使われるっていうのにすごく似てると思ったんですよね。そういうことで楽しい。やりがいのある仕事だといまは感じています。

【構成／上田紗有季・胡浩・斉藤みなみ】

桑本《くわもと》千鶴《ちづる》さん

Radice ～隠岐に根をはって～

一九七五（昭和五十）年に海士町に生まれ、高校時代までを海士町で過ごす。イタリア料理人を志し、松江、東京、イタリアでの修業を経て、二〇〇九（平成二十一）年、十六年ぶりに海士町へ帰郷する。近々自身の店、Radice（ラディーチェ）をオープンする予定。

❖生い立ち

桑本商店[1]（写真一）の次女です。兄が事業主、母とわたしと従業員二名の小さな商店です。神奈川に姉がいて、三人きょうだいです。社員として店を手伝いながら、個人的にケータリングやケーキのオーダーを受けて、料理人として働いています。生まれてから高校（島根県立隠岐《おき》島前《どうぜん》高等学校）までずっと、地元海士町で育ちました。高校卒業後、海士町を出て、島に帰ってきて四年目になります。

小さい頃はいつも、みんなで外で遊んでいました。泳ぐというより潜るために海へ行く。中学生の男の子とかは本格的に潜って、サザエやアワビを料理屋に売って、それがお小遣い稼ぎになっていた。

▼1　桑本商店　正式名称はファミリーショップくわもと。菱浦地区にある。食品や日用品、雑貨、衣類などを扱う。島民の日々の生活を支える、島に数件ある商店のひとつ。ちなみに海士町にはスーパーマーケットやコンビニエンスストアはない。

写真一：桑本商店（撮影：仙石エミ）

いまは厳しくなってきたから[▼2]「勝手にそんなことをしちゃいけない」とかいうけど、むかしはけっこう自由でした。わたしはそんな本格的じゃないんだけど、みんなについていって。CAS《きゃす》[▼3]のずっと先のほうに灯台があるの。あのあたりでいつも泳いでた。意外と穴場だよ。どこ行ってもプライベートビーチだもんね。

料理は、高校のときからよくつくっていました。家が自営業だから、夜ご飯は担当制なんですけど、ほとんどわたしが担当だった。高校の部活はテニスをしてたんだけど、最終便[▼4]の船が出るまでが部活の時間だから、そんなに遅くならないし、そのあと帰ってからご飯つくるの。そのとき全然嫌じゃないっていうか、つくるのが楽しくて。

❖名古屋の短大時代

高校を卒業して、進学のため島を出ました。親の反応は、「頑張ってね。行ってきなさい」

▼2　いまは厳しくなってきた
サザエやアワビは第一種共同漁業権で保護されている。

▼3　CAS
福井地区にある、農林水産物加工施設「CAS凍結センター」を指す。CASとは、Cells Alive Systemの略称で、魚介類などの旬の味と鮮度を保ったまま冷凍する技術である。海士町は二〇〇五（平成十七）年に、全国の自治体に先駆けて導入した。同年に設立した第三セクター「（株）ふるさと海士」が運営する。

▼4　最終便
隠岐島前高校（第三章参照）へ西ノ島や知夫里島《ちぶりじま》から通う生徒は、島前三島を結ぶ島前内航船で通学する。高校最寄りの菱浦港を出る最終便は、当時、午後六時頃出航であった。

というものでした。高校を卒業して進学する子は、もう絶対に島を出るし、兄も姉もそうだったから、そんなもんだという感じです。こっちの人はけっこう割り切っていて、そんなに悲しむということはないかもしれませんね。そのとき姉は、留学でイギリスにいたんです。兄は帰ってきていて実家を継いでいました。姉の留学はすっごい反対されていました。いまみたいにみんなが頻繁に海外に行く時代でもなかったし、反対もされていたけど、姉は行っちゃいました。いまは海外行くっていっても、オープンな感じだけどね。

わたしの進学先は、名古屋にある中京女子大短期大学部[5]の家政科。体育科の人たちはみんなジャージで、しかもレスリング部が強くて[6]世界選手権にも出ていたんです。びっくりしちゃった。家政科はおとなしい人が多くて、体育科はすごかった。なんで家政科を選んだかというと、最初ね、家庭科の先生になろうと思ったの。けっこう好きな先生がいて、その先生や、ほかの人たちにも「おまえは先生になれ」って言われて、ずっと洗脳されていて。だから家政科に進んで教員免許はとったんだけど、勉強があんまり好きじゃなかったの。

二年制だったから、まあ就職のことを考える。でも本格的な就職活動はしていませんでした。卒業後、「一年間だけ名古屋に住んでいいよ」と親から言われたので、最初はバイトからはじめようと思ったのね。バイト情報誌を見ていたら、もう飲食系にしか目がいかなくて。それで、最初のバイトが栄の三越の、いまもあるかはわからないけど、一階の「ココット」というカフェでした。ちっちゃいけどかわいらしいお店で、けっこう忙しかった。フリーだから、週に五日は入って正社員並みに働いていました。メニューは、グラタンやカレーなどの洋食系。パスタはなかったね。

すごく楽しかったから、もう料理人の道でいってみようと思って。このバイトがきっかけでした。たぶん最初にすごく厳しいところに入っていたら変わっていたかもしれないけど、楽しかったんです

▼5　中京女子大短期大学部
一九五〇（昭和二十五）年に設置された愛知県に本部を置く私立大学。二〇一〇（平成二十二）年から至学館大学短期大学部に名称変更された。

▼6　レスリング部が強くて
五十五キロ級の吉田沙保里選手や、六十三キロ級の伊調馨選手、四十八キロ級の伊調千春選手、同じく小原日登美選手ら、世界チャンピオンを多数輩出するレスリングの世界的名門である。当時、女子レスリングはまだオリンピック種目でなかった。

ね。幸いにもね。でもそのときはまだ、調理師免許のことは全然考えてなかったんですけど。

❖イタリア料理との出会い

イタリアとの出会いは、短大の卒業旅行でした。ヴェネツィアで食べたイタリア料理がおいしくて。しかも魚介系だったから、「地元にある食材でできるんじゃない」みたいな。食べたときに、おばあちゃん、お母さん、お父さん、家族のみんなに、自分がつくって、この味を共有、じゃないけど、「食べてほしいな」というぐらいの思いがあった。ちゃんとしたイタリアンをそれまで知らなかったからね。

実は、卒業旅行はエジプト・フランス・イギリス・イタリアの四ヵ国をまわる約十日間のツアーだったの。学生のツアーだから、三十万円くらいで安く行けました。最初はエジプトのピラミッドが見たくて申し込もうと思って、イタリアなんて全然興味がなかった。エジプトとフランスは行ってみたいなと思っていたんですけど、ついでに行ったイタリアが衝撃的だった。

そのとき食べた料理は、細麺でイカやムール貝、アサリとかの魚介のだしがすごくて、トマトとかは全然入っていないんだけど、たぶんペペロンチーノ系だったと思う。あれは衝撃的だった。食材自体は見たことのあるものばっかりなのに、味が違う。魚介ってところが大きかったのかもしれない。家族のことがよぎったから、たぶんその時点で、「(イタリア料理を)やるなら地元で」って思ってたはず。でも旅行後、名古屋で働いていたときは、そんなに思わなかったかな。松江に帰ってきてから、よみがえってきた感じ。

❖松江のお店との出会い

名古屋で一年バイトしたあとは、島根にいったん帰ろうと思いました。「名古屋にこのままいる意味があるのかな」と思ったんです。それで、松江まで帰って仕事を探していたところ、たまたま入ったお店の、ホワイトソースのグラタンかなにかがおいしくて、次の日に「ここで働かせてください」って言ったの。まだ包丁の使い方とかなにも知らない状態で、「あっ、しまった、言っちゃった！」みたいな、ね。でもそのときは、オーナーシェフが、また幸いにもよかった。全部一から教えてくれました。最初は洋食屋だったんだけど、辞める二年前くらいに、ちょっとしたイタリアンカフェに路線を変更したんです。松江には約六年間いて、カフェのときには店長までやったんだけど、物足りなくなって、そのあと東京へ行っちゃいました。

物足りなくなったというのは、月に二度ある二連休に、イタリアンの研究をするために、おいしいもの探しも兼ねてね、東京に通っていたの。休みのたびに行っていたんだけど、朝着いて、昼にランチ、夜はディナー、そして次の日に、もう一回ランチを食べられるから、二日間で昼二回・夜一回、全部イタリアンを食べるの。ものすごく行きたいところがあったときは、一日で二軒ランチに行っていました。そういうふうに通っていたら、「ああ、やっぱ東京で働きたい」と思うようになって、ね。一応もう決意は固まって、そのなかで通いながら、自分の働きたいところも自然と探していました。それで東京に行っちゃった。「即決だね」ってよく言われる。「おまえはあとのこと考えてないな。お店のことはどうするんだ」ってね。いつも怒られています。

❖厳しさを知った東京での修業

ところが、東京では全然、楽しくなかった。「松江で店長やってたから、やれるぞ」くらいの勢いで行ったら、もう、折られたね。わたしがもともと働きたかったのは、麻布にあるイタリア料理屋だったんだけど、面接に行ったときに、「新しく店ができるから、ちょっと落ち着くまでは、とりあえずそっちの店に行ってくれ」と言われて。それが新宿の伊勢丹のなかにあるイタリアンだったの。

もうねぇ、なんだろう、そのときのシェフが超～コワくて、怒られまくりで。料理の技術というよりは、人間的な、精神面で鍛えられた。わたしが東京に行ったとき、二十七歳くらいだったのね。シェフはまだ二十九歳くらいで、若いし、勢いがすごくあった。そのお店に半年くらいいました。オープニングスタッフとして働くのもはじめてだったから、けっこうきつかった。

そのあと、麻布のお店に入ることができたんだけど、またそのシェフもねぇ、すごくてね。ははは。厳しい、厳しい。基本的に、お客様が来店されたら、もうひとっこともしゃべんないのね。厨房はシェフと、同い年の男の人と女の人とわたしの四人だったの。

みんなオーダーが入った瞬間にバーって動きだす。そのなかでシェフの動きも見ていて、たとえば、ボールにさ、シェフが生クリームを入れたとするじゃん。そしたら泡だて器をすっと取ってくる。お皿も、そのシェフをわかっている人は「このときには、このお皿を使うものだ」ってわかっているから、タイミングのいいときにぱっとでてくるの。なんていうんだろう、その人が、一番仕事のやりやすいように、気を配るっていうか。でも、気を遣いすぎると、ウザがられるというか。その一瞬一瞬の緊張感がすごかったんです。お客様がお帰りになって、仕事が終わって「乾杯」でビールを飲んで帰ったりするんだけど、それまでの緊張感がもう耐えられない。松江で働いていたときと全然ちがう。

他人が仕事しやすいように、自分が動くっていうのを、はじめて知りました。

そこは一年で限界でした。やっぱり、自分のレベルとほかの人のレベルの違いが、けっこうあって。ほかの三人は、ずっとイタリアで修業していたのね。だから、シェフがイメージするお皿も、なんとなくわかっている。「これはこういうイタリアンだから、このお皿」っていう、ね。わたしはなんにも知らなかったから。知らない食材もいっぱい出てきたし。オーダーもそのときイタリア語で、わたしは数字を覚えるので精一杯だったんだけどね。だから、そのギャップにショックを受けました。もうそこで、「で〜〜い！」と思って、イタリアに行った。ははは。その人たちに追いつくには、というよりは、なんでわたしだけ知らないんだ、という、そこを知りたかったんです。三人は楽しそうに、仕事の合間でもイタリアの話をしているのね。料理のことだけでなくて、イタリア人の友達の話とかをしているのをずっと聞いていたら、もう行くしかないでしょう！　だから悔しかったんだね。話を聞いていてもイメージは全然沸かなくて、とにかく行くだけ行こう、みたいな。計画は、そこからだったんです。

麻布で一年間働いてやめたあと、イタリア資金をためることと、それからやっと調理師免許をとろうと思いました。イタリア修業するのに、調理師免許はあってもなくてもいいといわれてるんだけど、この機会にちょっと取っておこうと。とりあえず、時給のいい、銀座のイタリア料理屋さんでバイトをはじめて、週に一度の休みに、午前中はイタリア大使館のやっているイタリア語教室に、午後は民間の語学教室に通いました。調理師免許は一発で受かったの！

銀座で働きだしてから準備できるまで、だいたい一年間かかりました。というか、「一年やったらイタリアに行こう」と期間を決めていたんです。その一年は楽しかった。麻布や新宿でやっていたことが、もう自然に身について、意識にも入っているから、からだが動く。そしたら、どんどん仕事をもらえて、そこでちゃんと仕事すれば、そのあと、信頼ももらえて、いい感じで仕事がまわるから、どんどん楽しくなって。充実した一年でした。いまは、麻布や新宿のシェフにはすっごく感謝しています。

松江のシェフとも麻布のシェフとも、いまでもずっとつながっているの。麻布のシェフは独立して、赤坂で八席の小さなレストランをやっています。そこに海士から魚介や野菜を送ったら、すごく喜んでくれました。やめたお店のシェフだから、関係を続けるのって簡単じゃないし、気まずいのもあるけど、でもやっぱり自分が尊敬していたから、ふと連絡をとったときに、相手に通じたっていうか。もともと嫌いじゃないし、いまでも尊敬している二人だから、わたしの師匠です。

❖イタリア修業での楽しい日々

イタリアでの日々は楽しかった！

イタリア語は、完璧ではないんだけど、ある程度は通じました。イタリアに行く方法として、就労ビザと学生ビザ[▼7]があって、就労ビザをもともと取ろうと思っていたんだけど、就労ビザは会社の社長とか、大統領とかサッカー選手クラスの人しか取れない。だから、一般人は学生ビザしかなくて、とりあえず半年の学生ビザで手続きしました。その半年の間に、みんな自分の働くところを決めていました。学生ビザの場合、学校に在籍している証明がいるので、学校に通わなくちゃいけません。

選んだ地域はフィレンツェ[▼8]だったんだけど、なぜフィレンツェかというと、環境も、治安もいいし、行きたいところに近かった。イタリアでは、食の発祥が、フィレンツェっていうか、トスカーナのイメージなの。ルネサンスの発祥地でもあったし、なんとなくだけど、「ここしかない、ここに行きたい」と。卒業旅行で行ったヴェネツィアはきれいすぎて、都会のイメージで、もうちょっと田舎に行

▼7　学生ビザ
就学ビザともいう。学校の入学許可証によって基本的に一年間認められる。

▼8　フィレンツェ
イタリア中部トスカーナ州の州都。

写真二・三：イタリアで働いたお店「カネポーネ（CANE PONE）」の様子（撮影：仙石エミ）

きたかったから、ちがうんじゃないかなぁと思ったの。

働くお店は、たまたま料理学校の先生に「ちょっとチヅル、おまえ俺の店を手伝ってくれないか」と言われて決まりました（写真二・三）。語学学校のあとに、料理学校に行っていたのね。なにを評価されたのかわかんないけど、じゃあやってみようかなって思いました。すごくかわいいお店で即決でした。リストランテ[9]で、毎週日曜日の朝にはビュッフェ[10]形式のブランチをやっていたんです。カジュアルな雰囲気のテーブルセッティングがしてあって。

イタリアでは、大変だったことも、とくになかったです。コミュニケーションにしても、仕事上は、たとえば野菜などの食材の名前、あと炒めるとか、切るといった料理用語がわかれば、なんの支障もなくて。普通の会話、日常会話はまったく問題ありませんでした。

お店は夜だけの営業で、九時からオープンします。だから八時くらいからまかないを食べはじめるんだけど、そのときにどこのお店もワインが出るの。仕事前なんだけどね。食事には、お酒がつきものっていうか、さ。お昼にランチでバール[11]へ行って、ワインそのままだときついから、炭酸水を入れたり、ちょっと水で薄めたりして飲んで、そのあと仕事に戻る。そういうところが、いいなぁって思いました。帰るのはいつも夜中の一時とかで、そのあとみんなディスコに行ったり、元気、元気。

昼間は料理学校に行っていたの。その学校を修了後は、営業前にシェフと食材の買い出しに行ったり、ホストファミリーと過ごしたりしていました。一人暮らしだとしゃべる機会が減るから、わざとイタリアのファミリーと一緒に住んで、できるだけ会話しようと思って。優雅だったねぇ。日本に帰りたいっていう気持ちも全然なくて。でも、潮時かな、とも感じました。

▼9　リストランテ
イタリア語でレストランの意。トラットリアが大衆的なイタリア料理店であるのに対して、リストランテは比較的高級なイタリア料理店である。

▼10　ビュッフェ
立食形式の昼食を兼ねた遅い朝食のこと。

▼11　バール
イタリアに広く普及しているカフェを指す。日本でいうカフェとは異なり、観光地を除き大抵はカウンターでの立ち飲みが中心のごく狭い空間。「どの街にも広場があり、教会があり、バールがある」というように、地域社会に密着した、イタリア人の生活に欠かせない存在である。最も多い注文は

❖海士でのお店づくりを見据えての帰国

イタリアのそのレストランには半年ちょっといました。本当は給料をもらっちゃいけないんだけど、十六万円くらいもらってた。でも、どっちかっていうと違法就労ってことになってしまうので、それがすごく心にひっかかっていたの。わたしはそれをずっとオーナーに言っていたんだけど、そしたらオーナーから「就労ビザをとれるように手続きしてみるよ」と言われて。それで、クエストゥーラ[12]に行ったら、「手続きに一ヵ月かかる」って言われたの。その時点で一ヵ月後には学生ビザが切れるから、すぐにやらなきゃいけなかったんだけど、たまたまクエストゥーラに行く前日に法律が変わって、ビザをとるのが厳しくなったの。

イタリアやスペインはもともと裕福な国じゃないから、なんでわざわざ外国人に給料をはらわなきゃならないんだっていう声も大きくて。「それでわたしはどうしたらいいの」と尋ねたら、「就労ビザの手続きをするためには、一回日本に帰ってまた学生ビザをとって、もう一回来るしかない」って言われて、そこであきらめたね。これがいいタイムリミットっていうか。たぶん、このままずるずるずるずるイタリアにいる気がして。日本に帰りたいという思いもなかったから、イタリアにいてもよかったんだけど、結局は違法就労になるのがいやで、それを潮時に帰国したの。

それからは、もう海士に帰ろうと思っていたんだけど、その前に自分で二年間という期間を決めて東京で働こうと思いました。ひとつはケーキ屋さんで、もうひとつはパン屋さんだった。だからイタリアから帰ってきて二年間は東京にいて、そして三年目に海士に帰ってきたね。それから三年たったから、イタリアにいたのはもう五、六年前になるね。ケーキとパンの分野っていうのはやっぱりまだ不安だったし、やったことがなかったから、「田舎に帰るなら、オールマイティーにできなきゃ」と

エスプレッソなどのコーヒー類だが、朝食やアルコールなどもある。

▼12　クエストゥーラ　国家警察のなかの県警察本部で、入国者への滞在許可証の発行を管轄する。滞在許可証はビザとは別物で、不法滞在でないことを証明する重要書類。八日以上の滞在予定者は、イタリア入国から八日以内に当該のクエストゥーラを訪れ、許可証の申請手続きをしなければならない。滞在許可証の有効期間はビザの内容と目的に応じ、更新も可能。

思って。経営の面も考えて、イタリアンしかできないとなると、ちょっと難しいなと思ったの。生活していかなきゃいけないからね。とくに、自分のお店で自分が焼いたパンを出したかったから、「パンはやっとかなきゃ」と思って。ビジョンはだんだん明確になってきているかな。

❖海士に戻ってきて

海士に帰ってくるときも普通な感じでね、あんまり「わぁー」とかいう歓迎はなかったかな。同級生が約四十人いたなかで、海士に帰ってきている人がすごく多くて、十四、五人はいる。しかも同級生同士で結婚した人が西ノ島や知夫《ちぶ》も合わせて四組ほどいて、だから集まりやすいっていうか、みんな仲いいです。

ケーキは、いま、海士町のほとんどの人から注文が入るようになったの。このあいだは、友達の結婚パーティーでウェディングケーキを頼まれて、はじめてつくりました。町の人はみんな知り合いだから、その人を思い浮かべながらつくっちゃう。すごく楽しいの。

基本的に、その時期のお店（桑本商店）にあるものしか使いません。ケーキにはフルーツばっかり使っています。本当はもっと広告っていうか、プロモーションをやらなきゃいけないんだけど、うれしいことに口コミで広まって注文が入るようになったの。そうそう、桑本商店の入り口横に置いてあるパンはわたしがつくっています。パスタコーナーのバルサミコ[13]やアンチョビは、ケータリングで使うので、「じゃあお店にも置こう」ということになったら、みんなにだんだん浸透して意外と売れています。

帰ってきて、ケータリングをはじめるようになったきっかけは、行政のイベントでした。使わなくなった幼稚園を設計士さんが改装して、町民が自由に利用できる交流の場にしてくれていて、一度イ

▼13　バルサミコ　イタリア語で香り高い酢という意味。イタリア北部で十一世紀からつくられている伝統的な醸造酢のこと。

ベントをやろうっていう提案があったの。それが一日ワンオーナー制の飲食店で、わたしに声がかかりました。海士に帰ってきて半年か一年たったくらいだったかな。そこではじめて自分のイタリアンをつくったのね。そしたら幸いにも、けっこう好評だったの。そのあと、お母さんたちの集まりの婦人会から声がかかって、「海士町の婦人会の総会をやるから、お昼ご飯をケータリングでお願いしたい」っていう依頼だったの。それがもう、いきなり五十名だったのね。よく考えたんだけど、その年代はおしゃべり好きだし、口コミもあるから、「じゃあここで気合い入れとかないと」と思った。それがけっこう好評で、ケータリングをはじめることになりました。

　メニューは、年齢層とお酒を飲むのか飲まないのか、をもとに考えます。いつも手書きでメニューを書きます（写真四）。形式としては、わたしが、たとえば隠岐自然村▼14に出かけて、その調理室で調理して、全部テーブルセッティングもして提供するの。コース料理で、一人三千円から提供することに決めています。食材はカキとか、魚介類を中心としているんだけど、たとえば男の人がいっぱいだとすると、肉を入れるとか、質をちょっと落としてボリュームを増やすとかします。おもしろいよ。多いときは毎週末、依頼が入るようになりました。

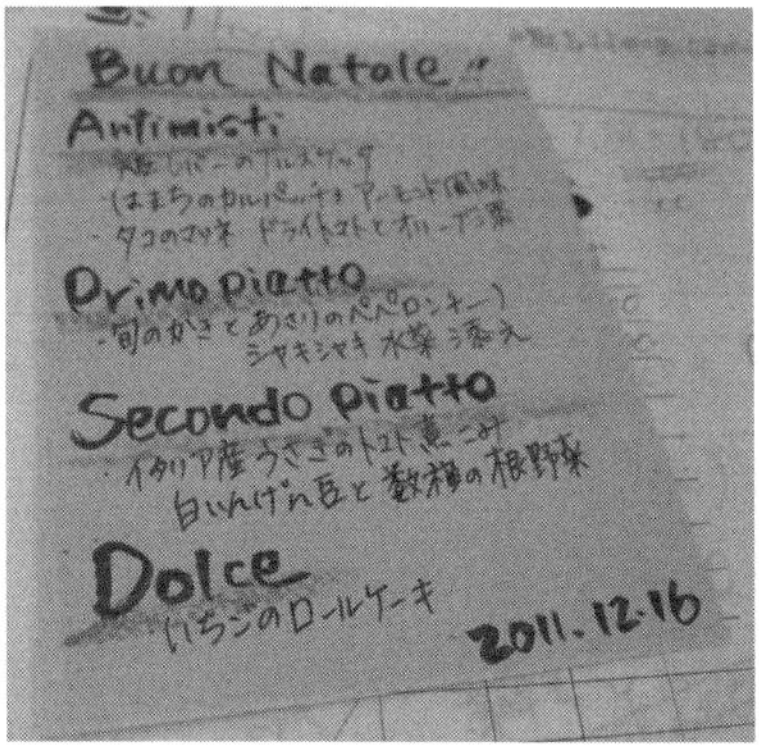

写真四：手書きのメニュー（撮影：仙石エミ）

　島の人のなかには慣れていない人もけっこういて、「おばあちゃんのケーキなんだけど、ろうそく六十本ありますか」と言われて、「ないよ！」と思ってしまって。けっこう平気で真剣に言ってくるからね。びっくりする。

　このあいだ、けっこう遠いところにケータリングに行った

▼14　隠岐自然村　海士町にある観光・研修等で利用することのできる体験・宿泊施設。様々なプランが用意されている。今回の実習でも利用させていただいた。

んだけど、それは漁師さんとかで、全員男の人で、しかもおじいさんばっかりだったのね。そこで、カルパッチョ[15]を出したの。一応説明として「味はついているので、そのまま食べれますよ」って言ったんだけど、もう見た瞬間、「ちょっとお姉ちゃん、醤油とってくれ」って言われて。ちょっと前までは、同じようなことがあると、「いやこれ刺身じゃないんで、そのまま食べれます」って、醤油と言われたことにけっこう腹が立っていたんだけど、最近は、「いや、その人がおいしく食べられたらいいや」って思うようになって。「いいですよ、醤油、持ってきます」みたいな。どこまで、なんていうのかな、出すかっていう。でもよく考えれば、醤油を出すことは、自分が納得できないからだけで、一番大事なことはなにかっていうと、食べてくれた人が幸せになって、喜んでもらえること、じゃない？　じゃあ、醤油がほしかったら、醤油で食べてもらえればいいじゃないかって思うようになりました。なにが一番大事かって考えると、そんな葛藤も、ふって消えちゃう。あれはおもしろかった。

それと、食べ方もあまりよく知らないから、たとえばブルスケッタ[16]を出したら、「これ、なんだあ」とか（笑）。でも、「こんなん食べたことねーもん、食べれっか」って言いながら、お皿の上は全部無くなって、完食していて。なんか楽しいよね。

最初はほとんどの人がそんな感じなんだけど、同じ人が毎年ケータリングを頼んでくれるようになって、だからお客さんのレベルも上がってくる。そうすると、たとえば三千円のコースをどんどん出していって、でも最近、「物足りないから、ちょっと三千五百円にアップしてほしいわ」という人もいて、だから、わたしとしてもお客さんとしても、レベルアップというか。そのなかで、いままで焼酎だったのが、「じゃあ今日は、この雰囲気だからワインにしてみようかな」とか、どんどんそういう感じになっていけばいいかな、と思っています。

もともと桑本商店の従業員としてお給料をいただいているから、ケータリングだけで生活できるか

▼15　カルパッチョ　薄切りの生の牛肉や魚介類をソースや香辛料で食べる地中海料理のこと。

▼16　ブルスケッタ　焼いたフランスパンやバケットの上にガーリック、トマトソースなどをのせて食べるイタリア料理のこと。

といったらそうでもないかな。一応「桑本商店の従業員」というちゃんとした基盤があるから、いま、できています。どっちかというと、副業がケータリングみたいになっちゃっているから、これからは逆になるかなあ。

❖Radice（ラディーチェ）への思い

わたし、来春四月にお店のオープンが決まったのね。このあいだコンサルタントの人が来て、いまちょっと進行中です。お店の名前は、Radice（ラディーチェ）といいます。

Radiceは、木の根とか、根本、根源っていう意味で、自分が育った自分の根っこの隠岐でやる、みたいな思いをこめています。お店のイメージアップがこんな感じで（写真五）。これはコンサルタントの人の指示で、「まずはビジュアルで、イメージをとにかく出すように」と言われました。そうすると、どんどんイメージが確立するし、たとえば設計士さんに見せたときに思いがある程度伝わる。まずこれが第一段階で、どんどん足していってもいいし、一ヵ月後にまた同じようなことをやってたら、もうちょっとイメージが絞り込まれているかもしれないし、またはまったく変わっているかもしれない。店名のロゴの書体も、いろいろ案を出して考えていて。まだ決まってはないんですけど。場所は、公民館のあたりで、うちの店（桑本商店）の道を挟んで向かい側です。営業は夜だけ。いまはまだ準備も全然忙しくなくて、「イメージだけは一応つくっておきなさい」と設

写真五：Radiceの店のイメージを固めるために作ったイメージアップ（撮影：仙石エミ）

計士さんが助言してくれるんだけどね。楽しみ。

　開店後、ケータリングをどうするかは、いま考え中です。お店に来てもらったほうがいいんだけど、個人の家に行ったりはするかもしれない。けっこうご年配の方とか増えてくるからね。方法はいろいろあるんだけど、あんまりやりすぎちゃうと、自分のお店がめちゃくちゃになっちゃうし。ターゲットを誰にするかっていうのは、ちゃんと軸を決めておこうと思っています。お店のターゲットは、第一に島内を考えています。夏は観光客に来ていただいて。だから「PRもいまからやりなさい」って言われているんですけど。海士に来る観光客の数は増えているんだけど、やっぱり団体行動だから、大型バスで一気に移動して、隠岐神社とかに行って、また菱浦に帰ってきて、そこからもう船に乗って帰っちゃうから、なかなか難しいね。だからそこで、のちのちの計画なんだけど、ゆくゆくはお店をオーベルジュ▼17っていう宿泊施設付のレストランにしていければと思っています。

　お店は二十名くらいまで対応できる感じかな。小さめの団体さんも大丈夫だし、一応、自分一人で料理するっていうのをずっと頭に入れていてね。ホールは一人雇う予定。それで回せるような人材がいればね。めちゃくちゃ大きい店舗じゃないし、赤坂のシェフとかもオーナーシェフで、ほぼ一人でやっているから、「ここはこうしたほうがいい」とか、「経理は簡単にできるソフトがあるから」とか、そういう助言をけっこうくれてね。助言者はそれなりに、いろいろいます。ありがたいことです。あとはね、結婚したら一番早いかな（笑）。たとえば旦那さんに経営してもらうという、政略結婚（笑）。そうじゃなくても、まあ結婚もありだし、タイミングだよね。

❖オーベルジュへの展望

　最初、お店を開いたらきっと地元の人ばかり来るだろうと思ったのね。そうなると外からのつなが

▼17　オーベルジュ
郊外や地方にある宿泊設備を備えたレストラン。発祥はフランス。「その土地でその土地の食材をつかった料理を楽しむために目当てのレストランに出かけて行き、食事後はレストランに併設の客室に泊まる」というグルメ旅行を代表する施設。（出典：日本オーベルジュ協会）

▼18　隠岐牛
海士町含む隠岐で生まれ肥育された、肉質等級四等級以上の、黒毛和牛。隠岐全体が仔牛の生産地として有名であったが、ほかの離島同様、成牛は仔牛より市場への輸送コストがかさむので、肥育牛を育てても採算がとれなかった。しかし、民間企業「隠岐潮風ファーム」（二〇〇四（平成十六）年設立）が、高値のつく、高品質で安全なブランド牛として肥育・出荷する

りがなくなっちゃう。そしたらどうすればいいかなって考えたときに、一日二組までの宿泊施設をやればいいかなって。何十人も泊まれる部屋だと、やっぱり客層が違うと思うの。二組限定っていうと、ちょっとこうＶＩＰな感じもすると思う。たとえば家族とか、誕生日会、銀婚式、金婚式、ほかにも記念日はなんでもオッケー。そういう人たちが来てくれれば、自分も収益がもらえる。自分中心なんだけどね（笑）。だけど、外とのつながりをつくるためにも、宿泊施設をやりたいなと。不可能じゃないことだと思います。たとえば朝食とお昼は違うところで食べてもらって、夜はイタリアンのフルコースでっていう流れもできるし、のちのちやりたいね。

魚介や野菜は地産地消を目指したいなと思っています。自分の家の畑にも少しトマトやキュウリ、ナスとかがあるし、農業を趣味でやっていた人が、いまわたしのために野菜をつくってくれていて、バジルやセロリ、煮込み用トマトとかもあるからね。隠岐牛[18]も料理に組み込むとしたら、タリアータ[19]っていうか、焼いて塩とオリーブオイルとレモンと食べるとか、ルッコラ[20]とかパルメザンチーズ[21]とかかけてむしゃむしゃ食べる感じとかもいいかもね。

❖海士町への思い

わたしは、海士町がどうなってほしいっていうのはあんまりなくて、自分がお店をしてなにかをすれば、そこからなにかがついてくる、みたいな気持ちでいるの。どちらかというと、海士町が日本で有名になるっていうのは、地元に住んでいる人は全然ぴんと来なくて。だからどうなのっていう感じで。けっこう冷たい感じなんだけどね。でも、海士が有名になったことによって、阿部さん（巡の環）みたいなＩターンの人もいるし、そのつながりで、こうやってわたしたちが出会えることにはすごく感謝しています。三年前に戻ってきて、海士町がこういう政策をとっているおかげで、ここで暮

ことに成功。いまや海士町名物のひとつとなっている。

▼19　タリアータ
イタリア語で切ったという意味で、薄切りにした肉料理全般をさす。イタリアではポピュラーな肉料理である。

▼20　ルッコラ
地中海沿岸が原産のハーブの一種。イタリア料理でよく使用される。

▼21　パルメザンチーズ
一般的には「パルミジャーノ・レッジャーノ風のチーズ」の意味で用いられているが、日本では粉チーズの総称として用いられている。

らしているだけでは会えない人たちといま、こうやって会うことができるっていうことは、すごくいいことだなーと思う。ただ、あんまり海士町がどうなってほしいとかっていうのは、とくにないんだけど。

「三年前にこっちに帰られて、変わったところはありますか」って聞かれることが多いんだけど、自分のなかであんまり変わってないのね。わからないっていうか。外から来られた人にいつも質問されるんだけど、「いやー、とくに」って感じなんです。その、隠岐牛や岩ガキ[22]が有名になったことはありがたいっていう、自分の都合のいいところだけ興味があるっていうのか。それ以外そんなに変わったところは感じないの。

海士の見て欲しいところかぁ。いやーそう言われたらわかんないね。たとえば西ノ島だったら、国賀海岸[23]とか言えるんだけど、海士ってなんだろうね。あ、スナックに行けばいい（笑）。楽しいから。でも最近、「人との出会いが海士の魅力」とか言われるけど、それはそうだって感じはじめました。たぶんほかのところにもあるんだろうけれども、「いま、海士の魅力はどこですか」って言われたら、それなのかもしれないって思います。

わたしはどっちかというと、「なるようになる」っていう感じで。たぶん行政の人に会うのと、わたしみたいな、行政と関係ない人に話を聞くのでは、全然ちがうと思う。行政の人たちはしっかりしていて、どっちかというと、わたしはお気楽なほうだから。行政の人とギャップを感じたりすることもあるかな。帰ってきたときは、商品開発とかいろいろ言われてたけど、あいまいにしていたら、声がかからなくなって。あくまでもわたしの自由にやりたいっていうか。どうなんだろうね。自分のためなのか、町のためなのかわかんないときもあるし。いろいろお世話になっているけど、やっぱりわたしの性格上「自由」がいいみたいです。

▼22　岩ガキ
「いわがき春香」は海士町を代表するブランド品のひとつ。CASにより凍結商品としての販売が可能となり、販路拡大が期待されている。

▼23　国賀海岸
西ノ島町北西部に位置する自然景勝地。国立公園にも指定されている。

❖島で生きるリズム

いまのわたしの働き方は、日曜日が基本的にオフなんだけど、土日は誕生日ケーキの注文が多いです。やっぱりみんな家族で集まるからね。忙しいには忙しいけど、もう毎日つねに自分のペースで仕事してるから、全然苦じゃないし。島にはオフとオンがないから、つねにオフ気味で仕事してるみたいな（笑）。ちょっとオンにするところはオンにしてっていう感じで、プライベートと仕事の境界線がなくてもわかんない（笑）。だから疲れないっていう。

仕事といっても基本、楽しいのがいいからね。でもこの環境だからできるけど、たぶん東京とか名古屋で仕事してたら、それは許されることじゃないもんね。ただ、名古屋にいるからそうでなきゃいけなくても、こっちにいれば自然とそういうふうになってくると思う。なんというか、島の時間っていうのかな。都会は逆に、メリハリをつけたほうがいいと思う。オンの日はオンでオフの日はオフっていうようにね。

たまに、一週間から十日間くらい食べ歩きと、田舎くさくならないために東京に行って、帰ってくると、母に「顔がしまったねぇ」って絶対言われる。普段よりすごくきりっとして、「都会顔」みたいな感じなのかもね。

ずっとオンの状態っていうのも無理だから、島に帰ってきてケータリングするときも、かならず音楽をかけながら料理していて。それで、はじめる前に、「今日もがんばるぞ」って気合い入れるために軽く飲むの。自分のために乾杯、みたいな感じでね。音楽もスカパラ[24]とかノリノリなものをかけて。そこはイタリア人に習ったからね。

▼24　スカパラ
東京スカパラダイスオーケストラのこと。スカというポピュラー音楽の一種を演奏する日本のバンド。

❖料理人の血を感じて

このあいだ「巡の環」のイベントで、京都の料理人の人たちが来て、そのときに、生きている鶏を絞めたの。首をぽきっとやって血抜きして羽をむしってという作業をはじめてしたんですけど、楽しくて。わたしは料理人になるしかないなと思いました。「かわいそう」とか「うわぁー」とか、そういうのは全然なかったんです。まわりにいる女の子たちは泣いたりしていたんですけど、「なんで泣かなきゃいけないんだろう。どうせ食べるんでしょ」って思って。なんだかすごく生に対して感動しました。食べ物をいただくってこういうことかって。お肉が温かくて。とにかく楽しかった。

普段から料理しているのも楽しくて、その料理を食べてもらって「おいしい」って言われると幸せだなって思います。メニューを考えるのは、シンプルにぱっと出てきたひらめきでつくる。たまに、なんだっけっていままでのレシピを見るけどね。やっぱり楽しいっていうところから入っていければいいんじゃないかな。

❖料理人としての思い

シェフやまわりのいろんな人から、「たとえば、なにかやりたいことがあったら、毎日考えなくてもいいけど、そのことをつねに意識して持っていれば、絶対その方向に行く」って言われていました。なかでも一番印象に残っているのは、「どんなにおいしいものをつくって、腕のいい料理人でも、最終的に残るのはその人の人柄だ」っていうことかな。たとえば、料理はすっごくおいしいんだけど、接客のすごく悪い店があって、かたや料理はめちゃめちゃおいしいわけではないけど、接客はすごくいいっていう店があったとして、どっちに行くかということになると、ずっと長い付き合いをするならきっと接客がいいほうだろうなって。極端に言えばそういう感じなんだけど、「とにかく慢心するな、謙虚にやれ」って言われたことが、ずっと印象に残っている。もちろん、お客様はそういうことを考える必要はないし、ただ料理を楽しんでいただければいいなと思います。

❖「なるようになる」

自分でも不思議なんだけど、本当にやりたいことをやっていれば、道筋がついてきているんだよね。お店に関しても、自分がお店を開いてなにかをすれば、そこからなにかがついてくる、というふうに考えています。この海士町が、最近有名になっていることとかは、ピンと来ないし、海士がこうなってほしいっていうのは、とくにはないの。あくまで自由にやりたいし、やっていれば、自分のことも海士のことも、なるようになる、と思ってる。

それと、行動力や決断力、直感があるって言われることもあるけど、実際はあんまりなにも考えてないんだと思う。たぶん。でもそれが可能なのは、自分の家庭環境もあると思うの。たとえば松江から東京へ行くこととか、金銭面も全部含めて、不可能じゃないのをわかっているから、行けたところもあるよね。もしすごく貧乏だったら、どうだっただろう。だからこの環境で育ててもらった感謝っていうのが、のちのちわかって。だから好きなことをやれているんだなって感じる。

わたしが「イタリアに行きたい」って言ったときに、なんの反対もなく行けたのは、姉が最初にイギリス行っちゃって、親がもう慣れてたからかな。自分中心で考えれば、姉がイギリスに行ったことは、わたしがイタリアに行くための準備期間だったのかなって。なんの反対もなくて、「早く行きなさい」というぐらいの勢いだったからね。

やりたいことができる環境もだけど、「わたしはこれがやりたい」っていう思いが大事だと思います。

でも、わたしはべつに中学校のときの夢もなくて、高校で進路指導があるから家庭科の先生っていう選択をして、「自分は家庭科の先生になるんだ」って思っていた。でも、いつのまにか料理に対しての興味に自分で気づいて、料理人っていう方向に行ったわけですよね。だから、やりたいって思う気持ちは、たぶんいつか出てくるものなんだと思うの。もし、わたしが四十歳・五十歳になって、料理人とは違う方向に行ってしまっても、それはそれでいいんじゃないかな。

いまは中学生くらいから、夢探しみたいな感じで、将来はなにになりたいっていうのを文章に書かせることがよくあるけど、それがすごくかわいそうで。普通その歳では書けないよね。それはそれで、考えるためのいいきっかけになるんだろうけど、最終的に、やりたいことは自然に見つかるものなんじゃないかな。そしてそこに、やる気がともなってくるんじゃないかな。だから焦る必要もないと思います。いまちょっと興味があるとか、そういうところから入り込んでいいんじゃない？　これをやらなきゃいけない、とかじゃなくてね。それだと、どんどん苦しくなっちゃうから。

いま振り返ってみて思うのは、誰かとの出会いが印象的で衝撃を受けたというよりは、「いままで出会ったすべての人がいて、いま自分がここにいる」っていうことかな。たぶん誰か一人でもいなかったら、いまの自分もなかったでしょう、ね。もし自分が東京のあの場所に行かなかったら、たぶんイタリアに行きたいとも思わなかっただろうし、松江のあの場所で働かなかったら、きっと東京にも行こうと思わなかっただろうし。

自分の人生って、つながってきているし、絶対そうなっていくものなんだと思うよ。なんでいまこうしているんだろうって思うことも、最後には、あのときのことは、このためだったんだな、というふうにね。

【構成／阿部朱音・仙石エミ・村井佳奈】

渡辺《わたなべ》祐一郎《ゆういちろう》さん

人間らしい生活

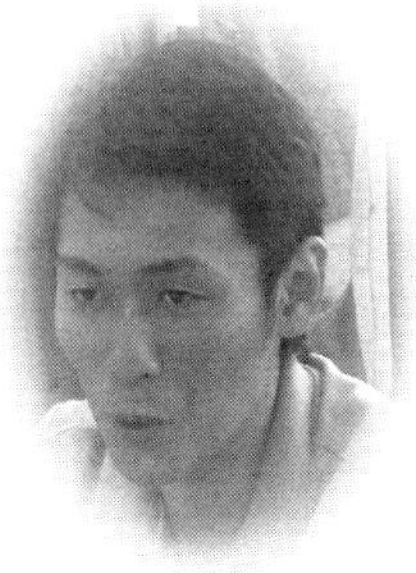

一九八〇（昭和五十五）年、島根県隠岐郡海士町に生まれる。五歳からおなじ隠岐郡の隠岐《おき》の島町《しまちょう》にくらす。中学生のときに島根県出雲《いずも》市に移り、二年間をすごしたのち、隠岐の島町にもどる。大学生活を山口県ですごし、二十二歳のときに海士町に帰る。現在は、海士町役場に勤めている。

❖生い立ち

一九八〇（昭和五十五）年七月二十六日生まれ、三十二歳です。海士町に五歳まで住んでまして、そのあと隠岐の島町にいました。中学生のときに島根県出雲市に転校しまして、二年間生活して、高校になってまた隠岐の島町に帰ってきました。十八歳まで隠岐の島町にいて、そのあと大学の四年間は山口県にいました。二十二歳のときに海士町に帰ってきて、役場に入りました。十年間環境整備課で仕事をしています。

❖パチンコ時代

隠岐の島町で高校を卒業したあと、山口県にある私立大学に行きました。経済学部だったんですけど、友達に出席とってもらったりして、全然授業出なくても卒業できるって感じだったので、本当に勉強してなかったんですよ。ずーっとパチンコしていました。パチンコ屋と家を往復する四年間でした。一人暮らしで、パチンコ屋に行く以外に家から出たくなかったんです。まあバイトもちょびっとしたりしてたんですけど、パチンコだけでけっこう収入があったんですよね。ぼくが住んでたところは、すごく田舎だったので、出前をもってきてくれるところがなかったんですけど、お寿司屋さんだけは出前してたので、電話してお寿司をもってきてもらって食べるっていう生活をしてましたね。パチンコの調子がいいときはですけどね。やっぱ負けるときもあって、一週間、ミロ[1]をなめてるときもありましたね。

❖「帰る」

ぼくに、いま九十歳くらいのじいさんがいるんです。ぼくは長男なので、ちっちゃーいときから、このじいさんに「帰ってこいよ、帰ってこいよ」って言われてました。盆とか正月とかに海士町に帰ってきて、じいさんとこに行くと、ずっと言われつづけてたんです。その横で親父は「そんなことない」って、逆のことを言ってたんですけど、ぼくはじいさんにそう言われるのは、嫌でもなかったな。そういう生き方もあるかなーってぐらいで考えてましたね。

じいさんに「帰ってこいよ」ってずっと言われてると、だんだん頭に残るんですよね。なんでか知らないけど、そういう方向に思考がいくんですかね。洗脳されて、「海士に帰るしかない」って思う

▼1 ミロ
ネスレ社のココア味の粉末麦芽飲料。二〇一二(平成二十四)年十月現在、希望小売価格(税込)三九九円(二四〇グラム)。

ようになってました。「帰らなきゃいけない」ってなったとき、働き口の選択肢がせまくて、役場と、ほかにあと一ヵ所くらいしかなかったんです。田舎に行くほど、公務員とそれ以外の仕事の給料が全然違うんですよ。いま、公務員は給料がすごい下がってきたりしているんですけど、海士町では、五十代くらいになると、民間で働いているのと、公務員で働いているのでは、給料が倍くらい違うんですよ。絶対値は低いんですけどね、そのなかでも倍くらい違うので、当然、親も「受けるなら公務員を受けろ」みたいなことを言っていました。ぼくはそのころ、頭のなかはパチンコのことしかなかったので、言われるまま「はいはい」って受けたら、受かったっていう感じですかね。でも、「試験は一応受かったけど、採用するかわかりません。欠員が出たら採用します」みたいな扱いだったんですよ。二月にまだそういう状態だったんで、もうねえ、「二月になってまだ欠員が出ないってことは、たぶんぼくは採用されないんだろうな」って思っていました。パチンコばっかりの生活をしていたんで、「このままもし採用されなかったら、プロとしてやらないといけないかな」って本気で思ってたんですよ。それで、がんばろうって思ってたら、三月になって「欠員が出たから、採用します。四月から来てくださいね」って言われまして。パチプロの方向にすすもうと思ってたところだったので、いやでしたね。しかたないので、いまの職に就きました。

海士町に帰ってくるまでは、ほとんどこの島についての知識がなかったので、ほんとなんにも考えずに帰ってきました。でも、生活しはじめたら、友達や知り合いが誰もいなかったんですよね。そのときは「しまったー。なんで帰ってきたんだろう」って思いました。それに、田舎でいろいろと窮屈なことがあったりして、いやだなと思ってた時期も数年間ありました。最近は、もう住んで十年になって、やっぱ自分が生まれたところなので、愛着あります。

❖役場の意識の変化

ぼくが役場に入ったときは、役場の意識とかも全然いまみたいな感じじゃなくて、ほんと、田舎のひとつの町役場っていうような、のほほんとした感じだったんですよ。八時半に職場に行って仕事するんですけど、十時になったらお茶の時間があったりして、十二時過ぎて、十五時になったらまたお茶の時間、ね。十七時何分になったらそこで勤務時間終わりなんで、それで一部の人を除いてほとんどみんな定時で帰るっていうような状態だったんです。

でも、ぼくが入って二年目くらいのときに、小泉さんが総理大臣だった時期[2]なんですけど、地方交付税ってのがすごく減った時期があって、そこで、このまいったらあと五年でうち破綻するよ、みたいな話になりまして。そこから、どうしようっていうので、給料カットして、なんとか支出をおさえたんですよ。それだけだったら先はないので、それ以外になんとか人口増やしたりとか、新しい産業おこしたりみたいな、これまでやってたことに対してみな一致団結するようになって、みんながまちづくり、島のことを真剣に考えてやっていくようになったんですね。ぼくの感覚では、そういった時期と、Iターンの人が増えた時期はかさなってますね。

❖Yahhaz（やっはず）

今後海士町をどうしようか、若い人とどうやっていけばいいのか、みたいなことを話すきっかけを、役場の課長さんがつくってくれて、そのなかで柏谷[3]とぼくの二人で話しはじめました。いまの海士町でいろんな取り組みがすすんでいるのって、課長さんたちの層がすごく団結力があって行動力がある人だからっていうところもあるんですよ。それに代わる次の年代がいないなっていうのが、柏谷もそ

▼2　小泉さんが総理大臣だった時期
二〇〇一（平成十三）年に成立した小泉純一郎内閣は、「民間にできることは民間に、地方にできることは地方に」をスローガンに掲げ、補助金の縮減、国から地方への税源の移譲、地方交付税の見直しを一体でおこなう「三位一体改革」をすすめた。

▼3　柏谷
Yahhaz のリーダー。第4章を参照。

うだし、ぼくも危機感をもっていました。なので、メンバーに若い人を集めて、なんでもいいから今後の海士町のためになるような活動をしていこうか、ということになりました。まだ名前も決まってなく、やることもそんなに具体的に決まっていない状態だけど、何回か集まりがあって、結論を出さない会議をやってました。そういうときに、町長の名刺をつくってくれっていう話がきまして。名刺をつくるなかでYahhazっていうことばがでてきて、Yahhazというチーム名になりました。

Yahhazってのは方言ですよ。「やるはず」っていう。少し冗談っぽいようなニュアンスが入っているんですけど。何々するぞって言われたときに、その言われたことがすごくとんでもないことでも冗談まじりでやるよ、みたいなことばが「やっはず」。どんなことでもやるっていう意気込みをもったチームにしたいっていう思いから、Yahhazっていう名前にしました。

この間、Yahhazで職員さんを全員呼んで、スポーツ大会みたいなことをしたんですよ。十年近くやっていなかったんですけど。むかしにくらべて仕事がだんだんいそがしくなって、職員同士のつながりが薄れてきていたので。また、知らない、話をしたことがない人たちもいるので、そういう人同士が仲よくなって、よりよい仕事ができればいいかなっていうことで、そういったスポーツ大会を企画しました。あと、夏の企画でビアガーデンをずっとやっているんですけど、それもやっぱ年々マンネリ化して、参加する人が少なくなって存続の危機みたいな状況だったので、Yahhazでビアガーデンに出店したりですね。いまはイベントごととか、そんなものしかできていないんですけど、それでもまあ少しは町のためにはなるんかなあ、ってことでやっているんですけどね。

個人的には、将来どうしたいっていう話とかを、よりたくさんできるチームにしたいなあという思いがあります。役場の課長さんたちが、週に一回定例会議やっているんですけど、そこは、どちらかと言ったらいまの問題に対してどう解決するかっていうことを話してるんです。なので、いまの問題は課長さんたちが解決して、ぼくらのような若い世代は未来の話もして、「将来こうなってこういう町になったらいいな」っていうのに向かっていくってのも大事かなって。そういった未来の話っていうことをYahhazでやって、いまと未来について考える機能が町にあるっていう状態にもっていきたいですね。

❖鎮竹林《ちんちくりん》

二〇〇九（平成二十一）年に、海士町の十年間の町の方針を決定する総合振興計画[4]をつくったときに、ほかの地域はだいたい行政の意見だけで十年間の計画をつくるんですけど、うちは住民さんと一緒に計画をつくったんですよ。そのときに、住民さんと行政の側の人間とかが、いろいろ集まって四つのチームを構成したんですけど、そのなかに産業チームっていうのがありまして、ぼくはそこに入ってます。そこで、鎮竹林っていうチームをつくりました。

海士町は、竹は豊富じゃないんですけど、はえたまま放置されてるんです。放置されててどんどん広がって、竹が繁殖すると、竹は根が浅いので、雨が降ったりしたら、ぐさっとくずれたりしてしまうんです。山にもよくないし、土砂が流れると海にもよくないじゃないですか。海士町は漁業で成り立っている島なので、そういった形で海がよごれると問題だっていうので、その竹をなんとかしようっていうことから、鎮竹林をつくったんですよ。

鎮竹林の活動では、炭をつくったり、ロケットストーブっていう手づくりのストーブをつくったりしていきます。あと、竹のテント（写真一）。総合振興計画をつくったときに、海士町まちづくり基金という、助成金のしくみをつくったんですよ。総合振興計画の目的に合致する内容の活動をするときに、町が助成してくれるんですね。その助成金を使って、ぼくらは竹のテントをつくる。町からもら

▼4　総合振興計画
正式名称は、「第四次海士町総合振興計画」。

写真一：竹のテント（提供：渡辺祐一郎）

ったお金なので、還元するという気持ちでやっていますね。海士町のイベントに無料で竹テントを貸し出して、そのなかでお店をしてもらったりとか。ほんとは、お祭りで自分たちでつくった炭を、自分たちでつくった竹テントのなかで出して販売したいなと思ってるんですけど、なかなか炭の方は上手に焼けなくて。テントは、いまは貸し出ししかしてないですね。

やっぱり、竹をいかに使うか、というのが課題です。ただ竹が繁殖してるから、竹を切る。切るだけって、すごいしんどいんですよね。だから、切った竹をなにかに活用する。炭やテントをつくるといった目的があれば、切る作業もすこし楽しくなるかなっていうことで、いかに竹を使うかっていうところに力を入れて、活動しています。

❖総合振興計画をきっかけに

ぼくは総合振興計画の作成がきっかけで、考え方が大きく変わったんですよね。それまでは、ほんとなんにも考えずに仕事してたんです。やっぱ公務員って、守られているところがあったり、安定してるんですよね。なので、なんにも考えずにぼけっと仕事しとっても、なんとかなるっていうような気持ちでずっといたんですよ。当然そんときは、志も高くなく、休みの日とかにパチンコしたりしてたんです。でも、総合振興計画をつくるときに、これからこの島が存続しないかもしれない、みたいな、大変な状況になるっていうのを知って、「じゃあ、それに対して自分ができることはなんだろう」って考えるようになって、そういう方向に自分のなかで動き出したんですよ。それから、なんかパチンコやってる時間ももったいないっていうか、「もっとなにかほかにやることがあるんじゃないかな」っていうことを感じて、パチンコはやめましたね。ほんと、これまで全然勉強してこなかったので、いまはパチンコに行く時間があったら、本を読んだりとかして、むかし学べなかった知識を少しでも吸収したいなっていう気持ちですよね。

❖性格の変化

ぼく、もともと、自分ではわかんなかったんですけど、すっごい考え方が古かったんですよね。一度、二十歳くらい年上の人に、「俺より考え方古いな」みたいに言われて。あと、誰かには「おまえはラストサムライか」って。それくらい、古風な考え方だったんですよね。そういうふうに言われるのは、ちょっといやな面もあったんですけど、同じ年代でそういう人まわりにいないし、その路線でいくのもありかなって。

ぼくは、自分の立ち位置というか、自分の存在、生きているなかでの位置っていうのをすごく気にする方で。たとえば、Aさんができることと B さんができることの間って、空白があったりするじゃないですか。ぼくは、そういうところを埋めようとする性格なんだと思いますね。なので、この島にない存在っていうのが、自分がそこにいる意味っていうか。だから、そのラストサムライ的な考えっていうのは、そういう性格のことを言われたのかもしれないですね。

でも、最近そういう性格が変わったんです。総合振興計画で、いろんな考えを聞いたり勉強したりしたことと、最近ある人のブログを読んでることがきっかけですかね。その人はほんと、全然田舎とは正反対の考えをもっているんですけど、その人の視点とか考え方がすごく新鮮で、その人の影響も多いですね。そのふたつですかね、変わったのは。

やっぱ、これも本の影響なんですけど、「人間つねに変わるのがあたりまえ、変わらないのがおかしい」じゃないけど、そういう気持ちでいるので、変わることが自然に受け入れられたり。これからまだまだ、どんどん変わるんじゃないですかね。ほんと、社会にでるといろんな人がいるじゃないですか。めちゃくちゃこう、強烈な存在感を放っている人とか、すごくその人の影響を受けたりとか、人の影響はすごいですし。そうすると、自分の意思のなかでは一年前の自分と変わらないんだけど、だけどじつは変わってたり。

いまは、まじめをいかに貫けるかというのを目指してますね。もう、ほかのことできないですよね、おもしろいことしたりとかできないので。そうしたらもう、根がまじめなんで、まじめを貫いたらどうなるんだろうって。その方向しか、不器用なんでできないです。

❖「人間らしい生活」

人口が減っている問題を目の当たりにすると、「いかにこの島を存続させるのか」、「ここに住んでいる人がこれからも住みつづけて、できるならなるべく幸せに生活できるようにがんばろうかな」っていう気持ちはもってますね。この島には、自然があるわけじゃないですか。自然に囲まれながら、自然を使って、便利じゃないけど、人間らしい生活をするっていうのが幸せなのかなって思いますね。

自然のなかに入って、体を使ったときがすごい人間らしいかなあと思いますねえ。こんな田舎でさえ、仕事をするということになると、建物のなかでパソコンに向きあう、みたいな生活をしてて、全然人間らしくないですよねえ。都会の方だったらもっとそうなのかもしれないけど、ここでこんなに自然に囲まれてても、家と職場の往復以外はつねに仕事してる、みたいな感じで、全然人間らしい生活じゃないんですよ。だから、休みのときに鎮竹林の活動をしたりして、山に入って竹を切ったり、炭を焼いたりとか、そういうことをすると、人間らしい生活をしたなって思うんですよ。

❖人口問題は、島いちばんの問題

この島に限らずですけど、いま、全国の自治体が人口問題で悩んでるんですね。この島には、高校までしかないんですよね。最近は、高校もなくなるんじゃないかっていうので、いま力入れてやってるんですけど。ここの高校を卒業した人って、だいたいほぼ全員一度は島の外に出て、何年かしたら帰ってくる人もいれば、まあそのまま帰ってこない人もいて、それで年々少なくなってるんですよね。ぼくらの親世代のころ、中学校の同級生が二百何人とかってくらいいたので、そのときにくらべたら、むちゃくちゃ減ってるんじゃないですかね。いまは二十人くらいしかいないので。で、一度出て全員帰ってくるとしても、人数は絶対少ないですもんね。人口問題は、この島のいちばんの問題ですねえ。

Iターンの人を増やそうとする取り組みは、ぼくが町役場に入る前からいろいろ町でやっていたんですけど、ぼくが入ったあとくらいから、すごくIターンの人が増えてきましたね。ぼくが聞いたところでは、海士町に興味があるっていう方がいたら、「とりあえず海士町に来てください」と言うんです。で、働き口が漁師さんしかなかったら、来てくれたとき、朝四時か五時に、職員が漁の体験に連れていって、来てくれた人にそのようすを見てもらったりとか、そのあとも島のなかを案内したりしているって聞いたことがあって。いまはどうかわからないですけど、当時はたぶん、ほかの自治体ではそこまでしてなかったと思うんですよ。なんで、そこのところがほかの地域よりも親切で、海士町に来やすかったんじゃないかなと思いますね。「来るからにはここの島じゃなきゃいけない」とかはなくて、とくになにがあるってわけでもなく。公務員じゃないような対応っていうか、ほかの行政よりも若干行政の人がやる気があるくらい。それくらいですかね。

Ｉターンの方には、来ていただけることなら、継続して来ていただきたいですねえ。そのためには、働くところがないと、来れないんですけど、海士町のようなちっちゃい島って経済規模もすごくちっちゃくて、働き口もそうないですので、すごく限られてきますよね。こんだけ海に囲まれてますけど、年々漁獲量も減ってますし、Ｉターンしてきて漁師さんっていうのも難しいですよねえ。岩ガキの養殖で来ていただいて働いてる方もおられるんですけど、それ以外の本格漁師みたいのは難しいですねえ。働くところをつくるっていうのがぼくらの仕事なので、働き先をつくってＩターンの人に来てもらって、ここで働きながら生活してもらう。やっぱ人口を増やすのは難しいですけどねえ、減る角度をゆるくやっていくっていうか。

❖Ｉターンの人は、特別じゃない

Ｉターンで来てる方は、個性的な方多いですねえ。うーん……どっちかな。Ｉターンの人が個性的なのか、地元の人が個性的じゃないのか。ぼくの感覚ではですけど、似たり寄ったりなんですよね。やっぱりこう、同じ所でずっと育つと、やっぱり考え方って似てくる、近い人が多い。だから、Ｉターンの人はすごく個性的というわけじゃないんだけど、その輪に入ると、個性的にみえるのかなあって。普通っていうのが適切かはわかんないですけど、話聞いてみたら、ほんとに普通の人ですよ。すごい個性的な人だけが来るっていうわけでもないし。ほんとに、どこにでもいる人っていう方もいっぱい来られるっていう感じかな。特別ではないかなあって思います。

Ｉターンの定義というか、いつまでＩターンとして呼ばれつづけるのかっていう問題もありますよね。何年住んだらＩターンじゃなくなるか。前、誰かが勝手に「六年住んだら、Ｉターンじゃないよ」とかね。ぼくはここに住みはじめて一年で、隠岐の島町出身の嫁と結婚したんですけど、その当時って、すごく、Ｉターンの人たちを受け入れる活動をつよくしていた時期で。住宅とかで、「いま住んでる人には貸し出しません、でもＩターンで来た人はオッケーです」っていう。でも、「そしたら、うちの嫁ってどうなるんだろう」って思いましたね。

ぼくが海士町に来たばっかりのときは、地元の人とは距離おいていたり、かまえていたりしたんですけど、いまは地元の人も本当に慣れちゃったんで、距離感は全然縮まりましたね。なんで、もうＩターンってことば使わなくなっていいですよね。けっこう、Ｉターンっていうことば自体ね、ちょっとそこで壁をつくっている気がして、あまり使いたくないですよね。自分をＩターンって言われるのを、すごく嫌がる人もいますしね。

❖人口が減っても幸せな町へ

町について言えば、やっぱここに住んでいる人が、いかにこれからここに住みつづけられるかっていうのを可能にするためにがんばりたい。いま、人口はだいたい二千三百人くらいですね。Ｉターンの人は来ていただいているんですけど、年間だいたい五十人くらい減っているんですよ。十年で五百人、二十年で千人じゃないですか。でも、「まだ人口は増えるんじゃないか」みたいに考えている人が、うちの島にもまだ多いですね。そういう人は、人口問題を正確にとらえて考えてないんじゃないかと思いますね。

ぼくらが将来を考えるために、たぶん人口はがんばっても減りつづけると思うんですけど、減ったときにどうしたら住みよい町になるかってのを話しあう。いまの「減らさない、増やそう」みたいな取り組みや考えも当然大事なんですけど、人口が減っても人が幸せに暮らせる、そういったことを考えて、実践していくみたいな。

人口が減るってことは、当然いろんな面でいまの生活を維持できなくなっていくと思うんですけど、そうなったときに考えるんではなく、そうなることを前提に、なったときにでも対応できるように、いまのうちからやる、みたいな。もう、人口減ってきているわけじゃないですか。なのでたぶん、うちの島だけでなく、これからもっと日本全体で考えていくべきじゃないんですかね。

日本全体でいうと、経済成長って難しいと思いますよね。人口と経済って結構つながりがあるというか、人口が増えるとそれだけ経済規模も大きくなるけど、当然人口が減ると経済規模も縮小していくわけじゃないですか。そうなったときに、価値観を変えないといけないかなって思いますね。これまではお金があることが人間の幸せで、それを求めている人が多かったと思うんですけど、これからはそっちよりも、もっと人間らしいような生活に価値をおくっていうふうにしていかないと。海士町でいったら、やっぱり自然とかかわれる生活とかですかね。「ないものはない」[5]ということばも、都会的な物質的に恵まれた生活よりも、不便だけど、より自然な、人間らしい生活をする方がいいんじゃないでしょうかって、都会の人に向けて発信していることばなんですよね。

でも、不便だけどより自然な生活、という方ばっかり考えちゃうと、国全体が貧乏になると思うんですよ。自然と一緒に生活するっていってもね、むかしに戻るってのは難しいと思うんです。いまの便利さは使わせてもらおうと思うと、お金って必要になりますよね。日本全体でも考えるべきことだと思うんですけど、島のなかでもすごく、そのバランスをどういうふうにとっていくかっていうのに

▼5　ないものはない　二〇一一（平成二十三）年に掲げられた、海士町のスローガン。「無くてもよい」、「大事なことはすべてここにある」という二重の意味がこめられている。

すごく悩んでいるところで。より自然な生活ばかりを求めちゃうと、この島が貧乏になっていくので、お金を稼ぐとか、そういったこともある程度やりながら、いまよりも自然な生活の方にシフトさせていくっていうのが大事じゃないかな、と思いますね。

この島に、これだけの数の人がIターンとして都会から来るっていうのは、そういう、ぼくがさっき言ったような意識をもった人が多くなってきたからかなっていうのも感じますね。まあ、一世代、二世代前だったら、もっと物質的なゆたかさが求められてたかと。そのころだと、田舎に来る人ってもっと少なかったと思うんですけど、そういう価値よりも、物質的でないゆたかさや価値に気がついたってことじゃないですかね。これから、そういうのが日本の主流になってくるんですかね。まあ田舎に来る人もいて、田舎に来ない人もいて、いろんな選択肢があってね、いろんな人がいろんな考えで行動してるっていうのがいいんじゃないかね。そういうのがすごく自然ですしね。

【構成／玉木沙織・林あかね・森美穂】

第三部　回想・海士町体験記

かたまらず、しなやかに

阿部朱音

本実習をふりかえってまず浮かんだ言葉は、「怒濤」であった。密度の濃い時間を、猛スピードで駆け抜けた印象である。なにをするにも遅れてしまうわたしが、到底こなせるはずのない道のりを完走できたのは、ほかの学生のみんなのおかげである。

わたしは今回で三度目の実習参加であった。御前崎（静岡県）、七尾（石川県）と地域は違えども、「聞き書き」という手法にかわりはない。院生という立場でもあり、学生のサポートや、実習運営に積極的に行動することが当然の役割であった。けれど六月からはじまった事前準備・現地実習を通して、わたしはその役割を果たすことができず、むしろ学ぶこと、励まされることばかりであった。

実習四年目をむかえた今回、赤嶺先生の意図で、学生に運営の大部がまかされた。コーディネートしてくれた巡の環の吉村史子さんとの、細部にわたるスケジュール作成や綿密な会計管理、事前準備の舵取り役と、膨大な仕事を引きうけ、成しとげたのは、三年生の祖父江くんであった。また、いままでの経験から積極的に発言し、議論の場と安定感をつくってくれたのは、リピーターの三・四年生たちであった。なにより楽しそうに取りくむかれらが、どの班にも少なくともひとり入っていたからこそ、初参加者も大きな動揺なく現地調査まで終えることができたのだと思う。と同時に、高いクオリティを求める先輩たちについていく、初参加者のやる気と向上心を肌で強く感じ、「負けていられない」と大変刺激を受けた。

語り手さんへ現地実習前に写真つきの自己紹介カードを送ることの是非や、現地でのマインドセット（問題意識・動機づけ）の前に、もっと実習の意義・目的を考えておく必要があるのではないか、ということを話しあったことは、とくに印象深い。自己紹介カードもマインドセットも前例がなく、巡の環から初めて提案されたことを受けての議論であった。提案を鵜呑みにするのではなく、意見を出しあって考えようという姿勢が自然に共有されているのを見て、実習の深化を感じた。そして実習とは、かたちの決まったものではなく、かたちづくっていくものなのだな、との認識を新たにした。

最終日のふりかえりで、「（現地実習を終え）これからあなたはどのように生きていきたいですか」と問われ、わたしが紙に書いたのは、「人との出会いを信じる」、「なるようになる」というふたつであった。

ありがたいことに、これまでの人生を通して人との出会いには大変恵まれてきた。にもかかわらず、恵まれてきたことに対してわたしは報えているのか、という疑問がやがて罪悪感に変わり、出会いを大切にできないことがほとんどであった。その人の幸せを心から願っていても、声が出ない。いまはこの思考回路が愚かなものだとわかるが、長年抜けだせずにいた。ひとつめの「人との出会いを信じる」は、「この実習での出会いを今度こそ大事にして生きていきたい」と強く思ったことから生まれた。出会ったその人に直接なにか報えなくても、「だから出会わなかったほうがよかった、わたしは存在しないほうがよかった」というような出会いではない、と信じること。そして、一朝一夕では変わらないと痛いほどよくわかっているからこそ、あせらず気長に変わっていけるよう、語り手の桑本千鶴さんの「なるようになる」という言葉をペアにした。桑本さんの肩肘張らない、しなやかな生き様にふれ、がちがちにかたまっている、自分の頭がほぐされるような思いをした。

桑本さんだけでなく、この機会がなければ出会えなかった人びとと、関わった度合いに濃淡はあれ、みんなで実習をかたちづくっていく道のりは、とても豊かなものであった。班の仲間、参加者のみんな、巡の環の方がた、海士町で出会った方がた、見守ってくださる赤嶺先生、佐野先生。全員でつくる、この報告書が、それぞれにとって滋味深いものとなり、まだ見ぬ人びとのところへひとり歩きして、さらなる出会い・豊かさを生んでいくものとなるよう、最後まで力を出しあいたい。ありがとうでは言いつくせない感謝の気持ちを、そこに込めたい。

現地へ赴き、対話すること

上田紗有季

今回初めて参加した海士町でのフィールドワーク・聞き書き調査は、私にとって非常に濃密な五日間だった。実習前にはあれこれと自分なりに想像してみたが、実際に行くことで思いもしなかった発見があった。

海士町は、離島でありながら湧水が豊富で稲作が盛んな土地である。私達の住む中部地方の山岳地帯と変わらないような田園風景が広がり、離島にいることを忘れるような不思議な感覚だった。そして振り向けばすぐに漁港が広がっている。山と海の恵みがぎっしり詰まった魅力的な島だった。

私はこの実習の間で聞き書きに協力していただいた柏谷さんを含め、フェリーの中や豊田地区散策の際など、地元の方からお話を伺う機会が多くあった。これらの中で、ＩＣレコーダーやメモを取り、記録として残す会話がある。「聞き書き調査」というものは、もちろん相手に許可を得て会話を活字に起こし、出版という形で公にする。しかし、許可を得ているとはいえ語り手の方への配慮は特に重視しなければならない。語り手の方のプライバシーを守ること、これができなければ信頼関係は崩れ、調査はできなくなってしまう。会話とは、相手への配慮を含めてはじめて成立するものだと感じた。また、記録には残らない会話の大切さも同時に感じた。何気ない会話、表情や口調から相手の人柄や思いが垣間見える。わずかな時間しかお話する機会が無くても、少しでも相手の心に触れることができた瞬間は非常に価値があると思った。

今回の実習を通して、現地へ赴くことの意義を学んだ。写真や文章では伝えきれないものが現地にはあった。Ｉターンの方、フィールドワークに何回も参加している方が、現地の魅力に惹きつけられている理由を知ることができたように思う。そして現地へ赴く際に必要となる相手への配慮の重要性も実感した。調査地にお邪魔し、現地の方の生活を見せていただいているという、調査者としての自分の立場を忘れてはいけないと思った。フィールドワークの奥深さを学んだ五日間だった。

強く、優しく

大賀由貴子

二度目の実習参加で、去年とはまた違った雰囲気だった。今年は事前にみんなで話し合う機会が多く参加者全体での一体感もあって、また女子部屋は大部屋だったということもあって、和気あいあいとしていた。夜も、学年を超えて、いろいろな話ができてとても楽しかった。わたしたちの班は話合いで議論が紛糾してしまったが、それもお互いの思いを率直にぶつけあうことができたからだと思う。ただ個人的には、結論を急ぐあまりに、強引に話合いをすすめようとしてしまったことは、班の他のメンバーにも申し訳なかったし、反省している点である。

また、来年の就職先が決まり大学生活も今年度で最後というタイミングで、語り手さんの竹川さんをはじめとする、海士町の方がたと出会い、お話ができたことはわたしにとってとてもありがたい経験だったと思う。海士にいた一週間は、わくわくしたり感動したり自分の未熟さを悔しく思ったりと、本当にたくさんのことがあって、書ききれない。この思いは竹川さんの聞き書きにこめたいと思う。

実習中、なんで会う人会う人みんなすごい人たちなんだろう、なぜこんな輝いて見えるのだろうと、ずっと考えていたのだが、共通しているのは強さと優しさではないかと思っている。みなさんそれぞれに自分の人生を切り開いてきた強い人たちだと思う。しかし同時に、わたしたちのような学生とも共感できるような感受性や優しさも持ちあわせておられて、そのことにとても感動させられた。来年以降のことを考えると不安だらけだが、わたしも自分なりのペースで一歩ずつ自分の道を歩んでいきたいと思う。阿部さんをはじめとした巡りの環のみなさん、竹川さん、他にもお世話になった方がた、ほんとうにありがとうございました。

潮風・蝉の声・照りつける日差し

大高翔一

「海士町」という場所は私に馴染みの無い場所だった。八月五日から始まった五日間のフィールドワークでは海士の豊かな自然の中、潮風に触れ、蝉の声を聞き、照りつく太陽の下で海士に住む人達と話し、ほんの少しではあるが「海士町」を知る事が出来た。今まで、曖昧な情報でしか成り立っていなかったものが具体的な質感を持ってイメージする事が出来る。自分の足で歩く事の良さ、楽しさはここにあると私は思う。

今回の実習で私のインタビューの相手になったのは隠岐島前高校に通う女子高生であった。彼女は強い意志を持って私に「海士町に残りたい」という言葉を語った。「海士町に残って神楽を続ける事が夢」という彼女は私には新鮮に映った。私は兵庫県宝塚市に育ち、大阪府の高校に通い、今は名古屋の大学で学んでいる。兵庫、大阪、名古屋、どの土地に対しても自分の将来を結びつける夢は無かった。そんな私が彼女の話を聞いた時、思わず少しひるんでしまった。

実習の終盤、グループ毎に各々が語り手から聞いたことや、自分たちで考えた事を語り手達の前で発表した。語り手の未来への思い、生き方はどれも個性にあふれ、人生は本当に様々である事を感じさせられた。そしてなにより、語り手達の生き方は一本の芯が通っていたのが印象的だった。

私にとっての芯とは一体なんなのか。格好をつけた答えよりも私は「分からない」と答えたい。重要なのは自分自身が欲するものを知り、それを自分の足で求める事なのではないか。私は私の思うままに歩こうと思う。自分の生きる道、そしてその道を歩むペースは自分自身で決めれば良い。海士町で得たものとは、そしてそれを通して明日を生きるという事はきっとこのようなことではないかと、実習が終わって三週間程立った今、私は思う。

今回の実習を作り上げてくださった関係者各位に感謝しま

す。ありがとうございました。

感じるままに

小山夏実

島前諸島をかきわけるようにフェリーで海士町へ向かっているとき、まわりのもこもことした山なみに、改めて日本列島が山がちで平地は少ないことを実感した。と同時に、自分の祖母が住む種子島の平地の多さは、とても珍しいことではと思った。今回の実習の間、わたしは自分の「島」のイメージのベースとなっている種子島を思い浮かべながら、山と海の景色と涼しい風を存分に味わった。また、そこで暮らしている人々と交流することもできた。卒業論文で前出の種子島での調査を控えるわたしにとって、同じ「島」を実際に歩き、そこに住む人々と言葉を交わしたことは、非常に有意義なことだった。必ずや論文に生きてくるだろう。

そして、実習をふり返って強く思ったのは、「自分がどう感じるか」を大切にしようということだった。それは語り手さんたちの影響が大きい。

わたしの班の語り手さんの増谷実香さんは、来年から海士町で就職して好きな神楽を続けていく、という意志を持った高校生だった。小学生のときから海士町にいたいと思っていた実香さんは、高校の先生に「大学進学したら」とすすめられても、その気持ちはゆるがなかったそうだ。彼女はその理由について、「さぁ…自分もよくわからなくてー」と話していた。しかし、海士町で暮らしたいという実香さんの思いは、なにげない会話のなかに自然に感じられた。たとえ理由が明確でなくても、「こうしたい」という自分の思いを大事にして実行に移している人がいる。そのことがわたしにはとても新鮮で心に残った。また、発表会で聞いた他の語り手さんたちのそれぞれの生き方も、実香さんに負けないくらい魅力的だった。各々が、自分の信じる道を突き進んでいきいきとしている印象を受けたからである。自分の感じるままに進んでいいんだな、とわたしは単純にそう思ったのだった。

卒業後を考えて悶々とすることもあるが、海士町での日々と語り手さんたちとの出会いを胸に、残りの学生生活を楽しんでいけたらと思う。

人生をダブル留学で輝かせよう

胡　浩

赤嶺先生の引率のもとで、私は国際文化学科の学生たちと一緒に日本の一つの離島、島根県の海士町へ行ってきました。近年、日本国内ではUターンの現象よりIターンが著しく多いそうです。その中でも海士町は、特にIターンで来られる人が多いと聞きました。なぜそうなのか、離島の魅力とIターンの現象を解明するために、今回の実習に参加しました。

海士町は、鳥取県の境港からフェリーで三時間程度、離れた島です。海士町は、ほかの日本の国土との違いがかなり大きく感じられました。しかし、一見とても不便に感じられるこの場所になぜ大勢の観光客が殺到しているのか、そしてなぜ大人数の人がこの島に住み込まれたか、実習に参加する前の私は全く理解できませんでした。初めて実習に参加した私は、インタビュー以外にも新鮮な物事が続々と続き、楽しく過ごし、最初の緊張感も確実に緩和できました。同じ班の上田さんと斉藤さんはとても親切な人で、インタビューに関することだけではなく、ほかのこともいろいろを教えてくれました。いちばん印象に残っているのが、テープ起こしです。初めての録音したデータを聞きながら内容を打ち込むテープ起こしの作業では、私のスピートが大幅に遅くなってしまいましたが、二人とも気にせず、熱心に夜分まで面倒をみていただき、大変助かりました。ほかの班のメンバーの人にも実習にとてもお世話になり、ありがとうございました。

海士人の強い生き方と、海士町の未来に繋がる仕事へのやりがいを柏谷さんへのインタビューから強く感じたので、最後の班ごと発表は「想」「創」という二文字でまとめました。未来への想いがあるからこそ、新しいアイディアが生まれ、それから新たな創造に結びついていきます。「ヤッハズ」やるはず、この言葉からは、海士人の頑強な性格に感じられます。さらに、私は、日本の中でも特別な一つの離島としての海士町で多くのことを学ぶことができ感動しました。日本に留学しにきて、さらに離島にも留学できる経験をいただき、人生は大きく成長しました。

海士町に来なかったら、この体験ができなかったと今でも強く感じています。海士町の未来を築く人々の今の生活状況、および、仕事環境をもっと知りたい私は、今回の実習を通じて、研究方法とインタビュー手法への理解がより一層深く感じました。

胸を張って生きる

五味春香

今回の実習でもっとも勉強になったことは、人の生き方の多様さや可能性を、知ることができたことであった。

離島に暮らす人たち。すれ違う人同士はたいてい知り合い同士で、挨拶代わりに交わされる会話が、傍から聞いていても心地いい。知り合いの漁師さんから魚を分けてもらいに来ていたご夫婦は、「魚を買ったことなんてないよ」と笑う。しかし一方では、親密であるがゆえにふとしたきっかけで関係がこじれてしまうと、逆に息苦しさを感じることもあるという。「狭いコミュニティ」に私たちは安易に憧れてしまうけれども、酸いも甘いも隣り合わせである、ということがこの短い滞在中にも感じることができた。

生まれて初めて出会った島の現役漁師さん。サザエを網から外す作業を手伝いながら、サザエやヤドカリの生態（「サザエは自分から歩いて仕掛けた網にかかってくる」、「ヤドカリはサザエの殻に住み込むためにサザエ網にかかってしまうが、しばらくすると殻を捨てて本体は逃げてしまう」など）や、意図せず網にかかっていたカニやカワハギのおいしい食べ方や皮の剥ぎ方を教えていただいた。海で、自分の体ひとつで鍛えてきた技や知恵の数々に圧倒され、仕事人としての自信に満ちたカッコいい姿を見せてもらってきた。

そして、私たち一班の語り手である竹川さんとのお話では、それまで私が接してきた人では誰からも聞いたことのないような型破りな生き方に触れて大変興奮し、インタビュー後には「この人を師匠にしたい！」と強く思ってしまうほどだった。若い頃から四十歳になった今に至るまで実にたくさんの職を行き来するという、傍目から見れば破天荒とも言える生き方は、「自分がやりたいと思うことをやっている」という強いモチベーションと、「その職場で学ぶことや、そこで出会う人をみんな大切にする」という信念、そして「自分は全力でやれば何でもできるし、日々いつだって全力でやれる」という自分に対する絶対の自信によって貫かれており、そこには一塵の迷いも後悔も見られない。漁師として独立する三年後の夢を楽しそうに語る姿を見て、私もこんな、厚みも味も濃い人生を歩みたい、と強く思った。

まずは、少し奔放になってみるところから始めたい。「やりたい！」という直感に流されてみる。自分で選んだ道を、胸を張って生きたい。私だけが持つ、何かを得たい。そんな変化を促してくれた、密度の濃い五日間だった。

人に学び、自分と向き合う

斉藤みなみ

今回の海士町での五日間の実習は、わたしにとってなんとも不思議なものであった。不思議、という言葉がふさわしいかどうかはわからないが、そのように感じた理由は、海士町という島の独特さにある、と思う。海士町には、山も海も田んぼもある。そのなかでは、海士町で生まれ育ち、そのまま暮らしている方もいれば、UターンやIターンの方も多くいる。赤嶺先生が発表会のときに仰っていた、「地方は国の縮図」という言葉通りだ。

私がお話を伺った柏谷さんは、海士町で生まれ、一度大阪で就職し、再び海士町へ帰り、現在は町役場で勤務をしていらっしゃる。聞き書きのあいだも、口数は多くはなかったものの、お仕事の話やフットサルの話を熱心にしてくださる姿から、何事にも全力で取り組む柏谷さんの人柄を感じた。

今回の実習では、語り手の方だけでなく、交流会などで他の語り手の方をはじめとする多くの海士町の方々とお話させていただくことができた。海士で暮らす理由は違っていても、それぞれの方が目の前のことに全力に取り組み、生きている。その方々の言葉は、心に響くものばかりだったし、この時間はとても貴重だった。

わたしは今回で、聞き書き実習への参加は三度目である。今回の実習が最後ということもあり、ここでは、わたしにとっての聞き書き実習を振り返りたい。得られたものをひとつずつ挙げていけばきりがないが、もっとも大きなものは単純に「かっこいい！」と憧れるような方々に多く出会えたことである。聞き書きという手法を通じ、そういった方々とじっくりお話できたことで、とても刺激を受けた。その反面で、テープ起こしをしている最中には、「あの時この質問をしておけばよかった」「この話題を出したら、もっと深い部分まで聞き出せたのでは」と反省する場面も多くあった。これからのわたしにとっての課題は、聞き書き実習でふれた方々の生き方を、どのように自分に取り込み、行動を起こしていくか、ということにある。自分の生き方に向き合う機会を与えてくれたのが、この聞き書き実習であった。

最後に、実習を主催してくださった赤嶺先生、コーディネーターの方々、同じ実習に参加したみなさんにお礼を申し上げたい。素晴らしい体験をさせてくださって、本当に感謝しています。ありがとうございました。

「出会い」と「出会い直し」

柴田沙緒莉

今回の実習でのさまざまな「出会い」は、わたしに多くのことを教えてくれた。最終日の前夜のなおらいの場で、乾杯の際に村尾さんがおっしゃった「人は話しているときではなく、人の話を聞いているときに成長する」という言葉は、わたしだけでなく、今回実習に参加した全員が、身をもって感じたことであると思う。

わたしは、今回で国内実習には二度目の参加となった。はじめての経験で、聞き書きに関して右も左もわからず、先輩についていくだけだった前回と比べると、「自分で考えて行動する」ということに、少なからずプレッシャーを感じていた。しかし、いざ語り手の勇木さんとお会いすると、人のよさがにじみ出ているその雰囲気に、わたしの緊張はほぐされてしまった。また、今回は語り手さんのご自宅で聞き書きをさせていただいたということも幸いであった。陶芸家である勇木さんの作品で、勇木さんのたててくださったお茶をいただいたのだが、そのことからも、勇木さんの人柄や陶芸にたいする思いが伝わってきた。聞き書きはただテープに録音されたインタビューだけで成り立つものではなく、自分の肌でその人の雰囲気を感じ取ってこそのものだということを、再確認した。

聞き書きをすることは、語り手さんの人生を見ることであると同時に、その土地全体を見ること、さらには聞き手である自分自身を見ることにもつながる。今回わたしたちが聞き書きをさせていただいた六人の語り手さんは、その生き方も多様ではあるが、根底の部分で共通していることがある。それは、どの方も、「自分らしさ」と「人間らしさ」を大切にしている、ということだ。そして、そういった生き方を目の当たりにしてみて、「自分はどうだろう」、「自分の住んでいる町はどうだろう」と考えさせられる。「出会い」というのは、自分や自分の身のまわりを見直すきっかけにもなるのだ。「自分らしさ」や「人間らしさ」は、さまざまな情報や便利さが出回っている現代の社会において、見失いがちなものであるが、そういった社会でも、自分らしく、そして人間らしく生きるということはどういうことか、考え直すいい機会となった。

また、私はこの実習で、この実習で苦楽を共にした仲間との「出会い直し」をした。普段一緒にふざけあっている仲間でも、実習の場では、自分では思いつかないような発想を見せてくれたり、リーダーシップを発揮してくれる。そういった仲間から学ぶことも多く、それも実習のよさのひとつであると感じた。

海士でのたくさんの「出会い」、「出会い直し」を、一生のものにしていきたいし、これからも、「出会い」と「出会い直し」に貪欲でありたい。そして、それらを通して、常に自分を成長させようとする向上心をもっていたい。

海士につながりを感じて

仙石エミ

海士町での聞き書きは、二年前に石川県七尾市での聞き書きに参加して以来二回目の実習であり、わたしにとって最後の実習でありましたが、イタリア料理人の桑本さんをはじめ海士町に暮らすみなさんの思いや大自然にふれただけでなく、自分自身の生き方を振り返る機会にもなり、とても有意義で贅沢な時間となりました。

海士町にたどり着くまでの道のりは近くはなかったですが、境港で目にした「フェリーくにが」は、わたしをとってもわくわくさせました。想像していたよりはるかに大きいフェリーの迫力と、夏休みの家族づれで満員になるほど賑っていたことに少し驚き、フェリーに乗って離島に向かうんだというふしぎな感覚がありました。

実習のメインはイタリア料理人の桑本さんのライフヒストリーを聞くことでしたが、一番印象に残っているのは、桑本さんがイタリア旅行にいって、魚介のパスタを食べたときに、海士のことを思い出したということです。パスタに入っていた魚介類が海士でもとれるものだとふと思った桑本さんは、そのイタリア料理が海士でもつくれると考えて、海士にいる家族にも食べさせてあげたいと思ったそうです。その魚介を見て、イタリアと海士が桑本さんの中でつながったのです。このつながる感覚、豊かな想像力のようなものが、あたりまえかもしれないですが、すごく大切なものなのではないかと思いました。世の中はいろんなものがつながっています。何かを見たり聞いたりしたときに、自分の知識や体験とつながりをもって感じられる感覚や想像力をつけることが大切なのではないかと感じました。海士町では、多くの田んぼ、サザエや牡蠣などの海産物、さらには隠岐牛が放牧されているのを見ましたが、このように自分が普段食べているお米や魚介類、お肉の生産されている現場を見ることができたことは、自分にとって非常に有意義なことでした。普段スーパーで便利に買えてしまうものばかりですが、生産の現場を実際に見ることで、生産者とのつながりを感じて食べ物をいただくことができます。海士町の大自然や人々のあたたかさにふれて、改めて人とのつながり、自然や社会との関わりを大切にしていきたいと思いました。

今回の聞き書きは、個人的には前回の七尾での聞き書きより前調べをして臨むことができたことはよかったと思いますが、桑本さんのお話をもう一歩深く引き出せたのではないかという反省もあります。同時に、人のライフヒストリーを聞くことは大きな責任が伴うものだと改めて感じています。最後日の振り返りで「人間らしい生活」が話題にのぼりましたが、海士町で感じたことを胸に、自分らしい「人間らしい生活」を模索していきたいと思っています。またあのでっかいフェリーに乗って海士町に向かう日が楽しみです。

深化する実習

祖父江智壮

本実習は、大学院生二名、大学四年生六名、三年八名、二年生二名で成し遂げたものである。そのうち、はじめての実習参加者が八名であり、二度目以上の参加者が十名であった。四年目を迎えた今回は、経験者が半数を占めるということから、実習運営の大部分が学生たちにまかされた。わたしは、その代表を仰せつかり、陣頭指揮をとらせていただいた。ふり返ると、五月中旬の実習説明会をスタートに、つねに実習のことが頭の片隅にある毎日だった。担当教員の赤嶺先生は、「アホやな〜」と思いつづけていただろうが、手際の悪いわたしの行動を黙って、我慢強く見守ってくれていた。

実習の締めくくりとして、参加学生の立場から、実習の意義と、今後への課題を実習のこれからのさらなる深化のために書こうと思う。

(一) 学生の枠を超えた共同作業

先述した通り、本実習には、大学二年生から大学院生までが参加した。実は、大学で行われる講義で、学年の枠を超えて共同でなにかに取り組むという機会はすくない。同じ学部・学科であれ、先輩や後輩と一緒に議論したりする機会はかぎられる。このような校内での環境とは実習は違う。後輩は経験豊かな先輩たちの背中を見ながら必死についてくる。先輩たちは、見本にならないといけない、というい緊張感を持ちながら行動する。中国からの留学生であり、日本語でのテープ起こしに苦労した胡さんが、班のメンバーへの感謝を感想の中で述べているように、ひとりでは成し遂げられない作業を、参加者みんなで助け合う。今回の実習は、「隠岐しぜんむら」に宿泊し、大部屋だったおかげもあり、参加者の団結力は今までになく強かったと感じる。

今後の課題は、学年の枠を超えるだけでなく、学部・学科の枠を超えて、参加者を集めることである。今回の参加者は、すべての学生が、人文社会学部国際文化学科の学生であった。ほかの学部・学科の学生は参加できないという制約はないものの、担当教員が国際文化学科の教員であることから、他学部・学科からの参加者はいない。専攻する分野のことなる学生が集まることで、新たな視点や考え方が加わり、実習は深みを増すだろう。報告会の実施や、報告書の配布などをつうじ、わたしたちの行っている実習を周知していくことは今後の大きな課題である。

(二) 編集作業

どうしても、海士で過ごした五日間がクローズアップされるが、実習を終え、大学に戻ってきてからの編集作業から得られることは多い。

インタビューを記録したものは、わたしたちと語り手の対話である。その対話を語り手の一人語りとして、再構成する。その作業は、わたしたち聞き手にとって責任をともなうものである。語り手はなにを伝えたかったのか、ということを、記録したデータに再び耳を傾け、頭の中に残るインタビュー中の雰囲気を思い出しながら、丁寧に記述する。その記述方法の検討は細部に及ぶ。「句読点の位置はどうするか」「…なぁ」か「…なあ」のどちらの方が語り手の思いを適切の表現できるか」などを必死に考える。語り手の思いをうまく表現することと、読みやすい文章にすることは、思いのほか困難だ。「あぁ、日本語って難しい」という台詞が編集作業中に何度も参加者から漏れた。このような経験は、卒業論文の作成や、各講義で提出するレポートでの「読みやすい日本語」へのこだわりに活かされるはずである。

(三) 自分を見つめる機会

海士町で行った報告会と、実習最終日に行ったふりかえりの時、数名の学生が感極まり涙を流した。その涙はなにだったのだろうか、ということを実習が終わり半年以上たった今も考えている。

六人の語り手が、それぞれの生き様をぶつけた二時間に及ぶ語りであった。その生き様をぶつけられたわたしたちは、その力強さを全身で感じ、そして、自分の生き様を見つめた。大学生であるわたしたちは、「これから、どう生きていくか」という大きな問いを模索しながら、日々あがいている。このように、これからの将来に不安を持つなかで出会った海士町の人びととの対話が、心に響いた。語り手との対話は、同時に、自分との対話をする時間でもあった。

「海士町」という縁もゆかりもなかった地での偶然の出会いだった。この出会いをきっかけに、これからの人生は変わっていくかもしれないし、何も変わらないかもしれない。それは、わたしたち参加者のことだけでなく、六人の語り手さんも同様である。一〇年後、二〇年後、三〇年後、どうなっているだろうか。「言っていた通りになりましたね」でも、「全然、言っていたことと違いますね」でも、どちらでもいい。それ以上に大切なことがあることをわたしは学んだ。

将来、海士を再訪し、この本を手に取り、実習をふり返りながら、語り手さんや「巡の環」の人たちと笑える日が楽しみだ。

代表者を務めたわたしは、みなさんにご迷惑をかけ、支えられながら、なんとか成し遂げることができた。少しは成長できたかな、と思う。この国内実習は諸先輩方が育て、それをわたしたちが引き継ぎ、これからの後輩たちへ受け渡していく。いつまでも深化を続けていくことだろう。

つながりは自分しだい

玉木沙織

今回の隠岐実習は、わたしにとって三度目の聞き書き実習だった。実習を終えるたび、たくさんのことを考えるが、今回の四泊五日は、自分や自分のまわりにいる人を見つめなおすきっかけとなった。

実習のなかでとても助けになったのが、株式会社巡の環のみなさまが用意してくれたグループワークだ。聞き書きをするまえに、実習に対するお互いのモチベーションや、興味のあるポイントを共有した。そのおかげで、班ごとに作業をするとき、何を大切にしてすすめなければいけないか、メンバーがどんなことを考えているか、などが見えやすくなった。その結果、誰にでもいえるような薄っぺらい言葉ではなく、自分たちの言葉で、自分たちにひきつけた内容を発表することができたと思う。また、ほかの実習参加者がどんな思いをもって取り組んでいるのかなどを話しあったことで、仲間の考え方を垣間見たり、尊敬できる部分を見つけたりすることができた。

わたしたちの班は、海士町役場の渡辺さんに聞き書きをおこなった。わたしたちの質問に対して、つねに「それらしい答え」ではなく、素直なお気持ちを答えてくださっていることを感じ、とてもうれしかった。それを受けて、自分も話を聞く立場とはいえ、誠実に本音で話そうと心がけた。「こんなこと言ってしまって大丈夫かな？」と不安になったこともあったが、渡辺さんはそれも受けとめてくださり、ほっとした。等身大の自分でおこなったインタビューは、とても楽しかった。

わたしはこれまで、「島の人たちはコミュニティがせまいぶん、人のつながりがつよくていいなあ」と思っていたが、今回の聞き書きで、それはちがうのかもしれないと思った。なぜかというと、海士町で、自分の住むまちと何ら変わらない、よい意味で「ふつうの人」にたくさん出会えたからだ。島だから人のつながりがつよい、都会だからよわい、ということはなくて、人とのつながりを保てるのも保てないのも、すべて自分しだいなのだと思った。同時に、実習中に、自分が素敵な友人をもっていることに何度も気づかされたので、自分にも、人のつながりをきちんとつくることができるのかもしれないと思えた。これからは、等身大の自分でいることと、身近にいる人のすばらしさに気づくことを大事にしていきたい。

人のちから

津田成美

名古屋からバスと電車とフェリーでほぼ一日。ようやくたどり着いた先に海士町はあった。今回私は三度目の聞き書き実習の参加である。しかしこれほどの長旅ははじめてだった。また、内容もメインが聞き書きであることにはかわりないが、前年までより学生が主体となる部分が多く、実習全体に一貫性をより感じることができた。聞き書き以外の時間にも、自分たちで海士にふれあい、行動し、ほかの学生と話す時間があり、それによって、実習をどういうものにしたいのかを深く考えることができたと思う。

私が実習中に深く考えたことは、人と人とのつながりとはどういうものなのか、ということだ。私の班は漁師見習いの竹川さんにお話を聞いた。竹川さんは今年海士に来たばかりであるが、それまではさまざまな職、居住地を転々としている。それもひょんなきっかけであることが多かった。しかし、私が「この先もしいい出会いが偶然にあれば海士を離れることはあるか」と聞いたとき、それはない、という答えが返ってきた。漁のお師匠さんや、海士に来るきっかけとなった人と「もうこんなにつながっているから」だそうだ。

竹川さんは何事も全力でやればできないことはないという考えをもっていて、自分の経験をいちばん大事にしている。しかしそれは決して、まわりを見ないでがむしゃらになることではない。

私たちがなにか必死にやろうとするとき、それは決して自分ひとりではできることではない。まわりの人の直接的な支えはもちろん、その人たちからなにを学ぶか、どうゆう関係をつくっていくかということにもっと目を向けたい。ひとつひとつの関わりを忘れてはならないし、大切にしたい。

実習全体でもそれを実感できた。語り部さんほかの学生、先生や巡りの環さんの話を聞いたり、ともに行動したりするなかで自分とはちがった視点に感動させられること、同じ思いをもっていたんだと共感することが、今回の実習で本当に多かった。

透き通った青の海や新鮮な海産物、鬱蒼とした山々の中をめぐる細い道路、森の中に映える青い田園。海士で見た風景はどれも美しかった。しかしそれ以上に、そこに暮らしている人たちが魅力だからいっそう、その土地が素敵に見えるのだろう。いつかは私も、そういう環境をつくるひとりになりたい。

対話から得たもの

林あかね

渡辺さんに聞き書きを行い、「人間らしい生活」という言葉が強く印象に残った。私は、「人間らしい生活」には、人それぞれの考える「人間らしさ」があり、それらは自分でつくっていくものだと考えている。渡辺さんにお話を伺って以来、私にとっての「人間らしい生活」とは何であるのか考えるが、私はまだ渡辺さんのようには定義できていない。しかし、「私にとっての人間らしさとは、どういうものか。」「私らしい人間らしさとは何か。」を意識して生活することで、自分と向き合う時間が増えた。このことが、私にとって大きな収穫である。また、さまざまな人に意見を聞き、さまざまな「人間らしさ」に出会いたいと感じている。

実習以前に、祖母に聞き書きをしたことがあったが、今回の聞き書きをするまでは、聞き書きを、調査の一手段だと考えていた。しかし、今回、語り手と、聞き手三人で聞き書きを行って、聞き書きは、最終的にはモノローグになるが、インタビューしたときから完成まで、対話なのだと感じた。聞き書きでは、語り手が身振りや図を使って説明していることを、その人の「言葉」で語ってもらう必要がある。それは、録音という形をとり、完成形が文字であることだけが理由ではない。今までの聞き書きにみられるように、もうすでに存在しないものを語ってもらう、また、今回の聞き書きにみられるように、まだここに存在していないものを語ってもらうため、言葉から、不可視の物を想像できるようにする必要があるからである。聞き手は、それを引き出す役割であり、重要なのは語り手だけなのではなく、対話なのだと感じた。

聞き書きという対話は、実生活にも生かせる。自分が知らないもの、わからないものについて自分が理解するためには、どういう質問をすべきか。語り手が話しやすい環境をつくるには、どのような姿勢で聞くべきか。人と対話することにおいて、聞き書きから学べることは多くあるのだと感じた。

出会いから学び、出会いを楽しむ

平田結花子

就職活動前の私にとって、自由に使える最後の長期休暇。その休みを利用して私が今回の実習に参加した理由は、最近多くのメディアで取り上げられている海士町という特別な場所で生きている人たちの自分とは違う生き方を見て、今後の自分の生き方や進路の参加にしたいと思ったからである。実際に、今回海士町で出会った人たちは皆、個性的で尊敬できるような生き方をしていた。その中でも、私たちの班の語り手である勇木さんからインタビューの中で出た、「楽と楽しいはイコールじゃない。常に自分を追い込みながら楽しく生きて行きたい」「見えないものに対する挑戦を通して自分を成長させていきたい」といったような言葉は印象的であり、これからの自分の生き方の参考にしたいと思った。また、インタビュー以外の場面で島の人と会話する中で、それぞれの人たちが、勇木さんの言うような「楽しい」生き方をしており、海士という土地の魅力を作り出しているのだと感じられた。

このような海士の人々との出会いは今後の自分の生活への刺激となり、何年先にもずっと継続させて、これからもこの人たちの話を聴きたいと思えるような、私にとって大きな意味を持つものとなった。また、今回五日間をともにしたメンバーが、同じ実習の中でそれぞれが異なる視点を持ち、異なるものを得ていたことは、初めて実習に参加した私にとっては印象的であり、この仲間の考え方からも多くのことを学べた。今まで同じ大学内で学んできたけれども改めてこの実習を通して出会ったメンバーとの出会いも、これからの私の生き方に影響を及ぼすだろう。

しかし、これらの出会いは、けして海士が特別な場所だから生まれたというわけではない。確かに、海士には綺麗な海、広大な森林や田んぼ、満天の星空、島独特の親密なコミュニティのような名古屋にはない魅力的なものが多く存在する。そして、海士の住民はその魅力を生かして生き生きとした「楽しい」生活をしていると感じた。しかし、ある土地の魅力と、そこに住む人の魅力というものは海士に限らず、あらゆる時代のあらゆる場所に存在するのではないだろうか。例えば、今回の語り手である勇木さんは二〇〇五年にIターン者として海士町に来たばかりである。勇木さんは海士に来る以前の幼少期や学生時代にも、別の土地で魅力的な生き方をしていたことを、インタビューの中で私は感じた。だから、現在の海士以外で勇木さんと出会っていても有意義な聞き書きができたと思う。それと同様にこれから先、あらゆる場所で魅力的な人たちとの出会いの可能性があるだろう。また、残りの学生生活の中で自分とは異なる視点を持つ学生との出会いがあるかもしれない。

このように、出会いの機会はどんな時、場所にも多く存在する。今後、海士での出会いやそこから学んだことを生かしながらも、出会いの機会に対して敏感になり、その出会いを楽しみながら多くのことを吸収していきたい。

「当たり前」を再考する

藤田佳那

今回の実習は、わたしにとって初体験だらけの実習であり、わくわくと共に不安でもあった。初めての離島、初めての聞き書きに、戸惑うことも少なくなかったが、豊かな自然、巡の環のスタッフさんはじめ沢山の海士の方々、班のメンバーや先生に支えられ、期待以上のものを得られた実習となった。

三日目の聞き書きでわたしたちの班は、海士町で生まれ育った高校生の実香さんにインタビューを行なった。これまでに実習に参加した学生たちが制作した聞き書きをいくつも見せてもらったが、自分より年下の方を語り手さんとした聞き書きを目にしたことはなく、聞き手であるわたしたちが年上ということで気を遣われてしまわないだろうか、ちゃんと本音を聞き出せるのだろうか、と正直とても心配であった。だが、実香さんはわたしたちのインタビューに対し、しっかりとした自分の言葉でにこにこしながらお話をしてくださり、安心してインタビューをすすめることができた。

実香さんのインタビューの中で出てきた言葉の一つに、「当たり前になっている」という言葉がある。海士町を訪れたわたしたちを驚かせた地域社会のつながりの強さや、島にコンビニエンスストアがないことなどは、海士町で生まれ育った実香さんにとっては当たり前のことであり、特別に感じることもなければ、不便でもないという。考えてみれば、人の考えや価値観は生まれ育った社会に大きく影響されるものであり、わたしたちは誰もが皆自分自身の「当たり前」の中に生きている。当然ながらこの「当たり前」は人によってそれぞれ違うから面白い。同じ日本とはいえ全く異なる環境で生まれ育った実香さんの「当たり前」を知ることによって、わたしはわたし自身の「当たり前」にも気づかされた。様々な思考、様々な価値観が渦巻く社会において、自分の中の「当たり前」に固執せず、自分とは異なる「当たり前」を持つ他人の声に耳を傾けることが必要不可欠なのだと改めて感じた。

美しい自然と人の魅力に溢れる海士町は、本当に居心地が良く、何度でも訪れたくなる場所であった。この素敵な場所で多くのことを感じられた実習に参加できたことを、心から嬉しく思っている。

海士との縁、人との出会い

村井佳奈

私が海士というまちのことを知ったのはもう二年ほど前のことになる。本やテレビで海士町が特集されているのを見たのがきっかけだった。特集を見たとき、おもしろそうなまちだな、一度行ってみたいなと思った。そして今年の学外研修が海士町で行われると知って二年前海士町の特集を見たことが思い出された。海士町で実習をすることができるというこんなチャンスは二度とないだろうから、この機会に実際に海士を訪れてどんなところなのか、人々がどう暮らしているのか自分の目で見てみたいと思い、この実習に参加することにした。

この実習では聞き書きという方法で話し手の方の話を聞いたわけだが、聞き書きを行うのは私自身今回が初めてであり苦労した部分もあった。しかし、何より実際にそのまちに暮らす人に会って直接その人の人生や思いについて聞くことができるのは貴重で、聞き手である私たちにとっても得られるものの多い経験であった。そして、聞き書きが一方的なインタビューではなく対話形式であることで双方が肩の力を抜いて話すことができ、インタビューでは引き出しきれない本音も引き出すことができたのではないかと感じた。しかしもっと深いところまで迫ることができたのではないかという班での反省からも言えることだが、対話形式であるがゆえに話がそれて雑談になりやすくなる部分があり、限られた時間の中で相手の本音や考えを引き出すことの難しさも感じた。

そして私たちの班がお話を伺った桑本さんの言葉の中に特に印象深かったものがある。それは「今までの全ての出会いがあって今の私がいる。その中の一人が欠けていても違ってしまっていた」というようなものだった。この言葉を聞き、私が今回この実習に参加したのも二年前のささいなことがきっかけとなっているが、海士に興味を持って覚えていたことも今年の実習先が海士だったことも偶然のようで何かきっと縁があったのだと感じた。そして桑本さんをはじめ、この実習を通してたくさんの人々と出会えたことも何かの縁なのだろうと強く思うようになった。今回の実習は私に人との出会いや縁というものについて考えるきっかけを与えてくれた。そして様々な人々と話をするという経験をすることで自分の将来について深く考えるきっかけともなった。今回様々な人々と出会えたこと、貴重な経験ができたことに感謝したい。

自分のまちに対する意識の変化

森美穂

私がこの実習に参加した理由は、田舎や島に興味があり、いつかは田舎で暮らしたいとずっと思っていたからであった。今回、メディアでもよく取り上げられている海士町を訪れるにあたって、「普段出会わないような人がいて、活気があって、私の日常生活とはちょっと違う空間なのではないか」という期待があった。

しかし、実際海士町に行ってみて感じたのは、普通の人が普通に暮らしていて、その人たちにとっての日常生活が行われている、ということであった。

話は少しずれるが、私はこれまでに何度か外国を訪れたことがある。その中で意識していたのは、観光客で終わるのではなく、現地の人と話してみたり、かれらの生活に少しは触れてみるということであった。私は外国に行くことで、私にとっての非日常、つまり日本との違いを感じたり発見したりすることにおもしろさを感じていた。

今回海士町に行った時も、このような海外に行く時と似たような期待を持っていた。しかし、普通の暮らしが営まれているということ、私の住むまちやひとと何ら変わらないんだ、ということに気付いたことで、これまで海外に行く時に感じていた「非日常」は、実は現地の日常に自分が入り込んでいたのだ、ということに気付かされた。どこに行っても、私のまちや私のまわりにいるひととそう変わらない、普通のひとが暮らす普通のまちがある。都会だから、田舎だから、日本だから、外国だから、といった理由は関係ないのかも知れない、と思った。

これまでは、今まで知らなかったような場所に行ってみたいという気持ちが強かった。だが、この実習を終えて思ったのは、もう少し自分の住むまちを見つめてみようということだった。今まで気づかなかったような発見が、私の日常、私のまちにもたくさんあるのかも知れない。

今回の実習が私にとって初めての聞き書きで、人に話をしてもらうこと、人の話を聞くこと、それをまとめることの難しさを実感した。特に、話をしてもらうにはうまく話を引き出す必要があるとわかり、私にはそれが上手にできなかったのが反省点である。実習全体を通して、様々な方の生き方や考え方に触れられたことはとても大きな収穫となり、最初で最後ではあったが参加してよかったと思う。

第四部　実習教育の可能性

海士における聞き書き実習の価値

阿部裕志

赤嶺さんとの出逢いは、本当に偶然であった。しかし、「偶然を必然にする力」が人生を切り拓いていく上で大切だということはこの本の中で度々出てきている1つのテーマだと思える。そう思うと、赤嶺さん、それぞれ何かしらの理由があってこの実習に集った学生たち、ご縁があって関わってくださった海士の人たち、そして出版社の方々、全員が揃っているからこそできるこの本は、ある意味、1つの奇跡の積み重ねであり、きっと関係者全員にとってなにか意味のある1冊となるであろう。

赤嶺さんと実習の具体的な話を進めるにあたり、私たちが以前に作成したことのある「おじいちゃん・おばあちゃんの暮らしの知恵を受け継ぐ」ための聞き書きではなく、海士だからこそできる違う意味合いの聞き書きを作りたいという話題で盛り上がった。そこで20年後に読み返して意味の出てくる聞き書きを作ろうという結論に至った。それが「本物志向の未来づくり」というコンセプトである。

6人の話者は私の方から推薦をさせていただき、赤嶺さんに相談の上、ご本人にお願いをしにいった。みなさんが快諾してくれたことには本当に感謝している。生まれも性別も年齢も仕事の内容も（高校生もいるくらい）バラバラであるが、そこには共通する1つの筋が通っている。それは、「いま、自分の人生を生きている」ことである。いまに至るまでの道のりは、人それぞれであり、必ずしもすべてを自分で決めてきた訳ではない。人との出逢いや家族の意見によって左右されていることも多々ある。しかし、現状を他人のせいにするのではなく、今の自分にとって必要な流れであったと捉えて、前向きに「いま、自分の人生を生きている」人たちであると私は思う。そんな前向きな人たちの人生と触れることできっと学生たちにとってもこれからの生き方に参考になることがあるのではないかと考えた。

実際に実習を終え、6人の話者の聞き書きや学生の感想を拝読したうえで、それぞれにとってのこの実習の価値について振り返ってみたいと思う。

❖海士の人たちにとっての価値

地域社会で3つの空洞化が進行していると書いている方がいる。[1] それは、人・土地・ムラの空洞化である。人の空洞化は若者の都市への流出、土地の空洞化は農林地の荒廃、ムラの空洞化は限界集落化などによる地域存続の危機であるそうだ。しかしこれらは表層にすぎず、深層には別の本質的な空洞化が進んでいると著者はさらに続ける。それが誇りの空洞化で、地域住民がそこに住み続ける意味や誇りを失うことである。

私たち巡の環が海士で活動する上で一番大切にしていることは、まさにこの誇りを高めることである。私たちがこの島に魅力を感じ、移り住み、海士の人たちに助けられながらも様々な事業を展開して、海士に住み続ける最大の理由は、この島の人たちの愛郷心と誇りにあると私は思っている。山内町長の言う「海士には危機感はあるけど、悲壮感はない」という言葉も誇りがあるからこそ言える名言である。いま産業、教育、医療など様々な分野で課題がたくさん山積みになっていようと、この誇りがどんどんと高まって、地域を守るために前向きに進み続ければ、課題は少しずつ解決していくものだと信じている。

そういう意味において、本実習の海士の人たちにとっての価値は、誇りの向上にあると考えている。6人の話者にとって、たった2時間ではあるが自分のこれまでの人生のありのままを言葉1つでも漏らすまいと一生懸命聞いてくれる学生たちと対話する中で、驚き、感動してくれるその様子に、自分のこれまでの人生を肯定してもらえる喜びを少なからず感じてもらえたのではないだろうか。そして「こんなになにもない島になんでくるのか？」と疑問に思っている一部の海士の人たちにとっても、日々の当たり前に驚き感動する学生さんたちの姿に、日常に埋もれている海士の魅力を再発見してもらうきっかけになったと思っている。

❖大学生にとっての価値

かといって、田舎のいいところばかり見せてハイ終わりというのは、地域の現場に住むコーディネーターの役割としては未熟である。都会は便利で豊かだけど人が冷たくて、田舎は不便で貧しいが人が温かい、その上でどっちを選ぶのかという、単純な二項対立で現在の社会構造をまとめられるとも思っていない。一生懸命勉強して自費で海士町までやってきてくれる学生たちに提供する学びとしても不十分であろう。

そこで今回は、数々のメディアで良いように紹介していただいている海士の幻想をまずは破壊するところから現地実習をはじめることにした。

海士は移住者の多い他所と違う特別な楽園ではなく、ごく普通に人々の営みが日々行われている日本の田舎の1つである、と私は思う。その上で、未来に対して攻めているところにこの島の魅力を感じている。また、人の温かみと煩わしさは表裏一体であり、温かみを求めるのであれば、同時に煩わしさも承らなければいけないということも、悪い意味ではなく当たり前のこととして感じてもらえる実習となるようにした。これは、6人の話者のみならず、梅原区長の協力のもと豊田地区を自由に散策させていただき道端で出会った人たちから話を聞いたり、隠岐神社を参拝して地域における神社の役割についてお話いただけた村尾禰宜や、海士の教育のことを気さくに教えてくださった佃教育長のおかげである。地域の人たちの協力なしにこの実習は成り立たない。これらを意識したうえで学生が何を学んだのかは感想を読んでいただければよく分かる。

聞き書きに関しては、先述の通り、「いま、自分の人生を生きている」話者との対話を通じて自分の生き方について、深く考えてもらう良いきっかけとなったであろう。「なるようになる」「楽と楽しいは違う」「人間らしく生きる」

など、たくさんキーワードが出てきたが、それらは表面的な言葉としてではなく、それぞれの人生に深く突き刺さり、すぐに自分の考えに影響を及ぼすこともあれば、何年もたってから苦しみと闘う中でふと思い出すことかもしれない。時間が経ちそれぞれの進路を進む中でたまに読み返してもらえると、この本はまた違ったメッセージを与えてくれるのではないかと期待している。

❖コーディネーターである巡の環にとっての価値

今回の実習のコーディネートは、私も一部は関わったが、大半は弊社で半年間インターンシップとして学んだあと入社して2ヶ月になる吉村史子が担当した。学生代表の祖父江くんと一緒に、大学・地域・巡の環の三方良しになるためにはどうあるべきなのかを悩み、シナリオプランニングという手法を用いたり、スカイプで相談しながら実習プログラムを作っていった。このプロセス自体が、吉村のコーディネーターとしての成長のきっかけとしても非常に価値が高かった。そして学生たちへの表面的でない学びを提供することを考えていく中で、地域社会の奥深さを実感することともなったであろう。

❖自分にとっての気付き

私にとって最近の興味は「気付く力」の向上である。気付く力が高い人は何をやっても学びとり、どんどん成長していくことができる。どうやれば気付く力を高めて、すべてを学びと捉え学び上手になっていけるのか。まだ明確な答えが出ているわけではないが、今回の現場実習の最後の振り返りにて学生たちが時に涙しながら語ってくれたあの場にヒントが隠されているのではないかと思っている。聞き書きという他者から聞く話は、結局は自分への写し鏡であり、振り返りの中で学生たちが気付いたのは、答えは自分の中にあるということだ。6人の話者たちは自分の中にいま自分に必要な答えを見つけていることも、学生たちの気付きに大きな影響を与えたのかもしれない。

そして話者を交えた発表会で、私自身もすごく大切なことに気付くことができた。渡辺さんについての発表にあった、「人間らしく生きる」という言葉をきいて、初めて自分が海士に来た本当の理由に辿り着いた。それは、自分が人間らしく生きたくて海士に来たんだ、ということである。自分にとって人間らしく生きることのできる場所というのは、都会にも大企業にもなく、自然に近く、コミュニティの力の高いこの海士であったということに、言葉上ではなく、はじめてストンと自分の腹に落ちた。

また、話者の話を聞きながら、彼らの自らの人生に対して攻めている熱い気持ちに、私自身の心もメラメラと燃えあがるのを感じた。いい意味での人生のライバルがたくさんいるこの海士に住んでいることの喜びをよりひとしお強く感じた実習であった。

さいごになるが、この本を関係者全員が20年後に再会して読み返したときにどう感じるのか、それぞれを振り返りながら、味わい深い酒を飲みかわす日を今から心待ちにしている。

［1］小田切徳美、２００７、「特集活力ある山村の創造1」、『アカデミア』83号。

ひとりひとりが築いていく社会

赤嶺　淳

「とにかく行ってみてください。魅せられちゃいますよ」

『里海に暮らす』(2003年、岩波書店)の著者、瀬戸山玄《ふかし》さんの言だ。わたしが海士町を心にとめたのは、日本の渚を歩いてきたルポライターの瀬戸山さんが『暮らしの手帖』に連載していた「世のなか食のなか」によってであった。[1]「民宿の味」と題した連載二回目で紹介されていた、一橋大学を卒業した青年が干ナマコの加工に悪戦苦闘中とのエピソードに興味をおぼえたからである。2008年の冬だったと記憶している。その後、2009年10月、九州大学で開催された里海に関するシンポジウムで瀬戸山さんにお会いした際、[2]海士町のナマコについてあれこれ訊ねたところ、即座にかえってきたのが、冒頭の言であった。

はたして、そのとおりであった。わたしのみならず、本実習に参加した学生が、みな海士町に魅せられていることは、かれらの感想文にあきらかである。学生たちは、海士町のなにに魅せられたのであろうか？　ゆたかな自然はいうまでもなく、Iターンの人びともふくむ、海士町の人びとと、その多様な生き方に、みずからの将来をてらしあわせ、その可能性を展望できたからではないだろうか。本報告書のむすびとして、この小論では、大学教育におけるフィールドワーク実習の可能性を考えてみたい。

❖海士町への道

1980年代後半、わたしが大学生だったころ、日本はバブル景気のまっただなかにあった。沖縄を中心とした南の離島では、ビーチやゴルフ場をそなえた1泊数万円もする大型リゾート施設の大開発が進行していた。くしくも円高に直面した国内のメーカー各社が人件費の安さをもとめて東南アジアへ進出しはじめた頃でもあり、「アジアの時代」などと喧伝されてもいた。

そうしたことばに踊らされたのかもしれないが、円高を頼りにわたしは、春・夏の長期休暇には、必ず東南アジアへでかけていた。1年生から2年生になる春休みに偶然訪れたタイのパワーに魅せられ、つづく2年生の夏休みにおとずれたフィリピンにはまってしまったのである。LCC（格安航空会社）など存在しなかった当時でも、成田空港からならマニラやバンコクへは3万9千円で行くことができた。一方、スカイメートぐらいしか正規の割引チケットがなかった当時、沖縄へ行くには、飛行機代だけでも、その倍ほどは覚悟しなくてはならなかった。バンコクやマニラの安宿で出会ったバックパッカーたちは、「貧乏人は東南アジアへ、金持ちは沖縄へ」とたがいに揶揄しあっていたものである。御多分に洩れず、わたしも学生時代に沖縄どころか、日本の津々浦々を歩くことはほとんどなかった。それほど東南アジアに魅せられていたとも言えるし、やはり、日本国内の旅行は高くついた。

そんな大学生時代の趣味が昂じ、わたしは東南アジアの離島社会の研究をこころざし、縁あって2001年から名古屋市立大学の教壇にたつようになった。

自分をふくめ同僚の教育方針をみていると、専門分野の差異よりも、むしろみずからが慣れ親しんできた研究手法に大きく左右されるようである。東南アジア研究に従事するにあたり、わたしがとった手法は、フィールドワークである。現地におもむき、島の環境・自然を観察し、一定期間、人びとと暮らしながら、人びとがはぐくんできた文化や社会規範を考察するという手法である。

わたしはみずからの経験から、東南アジアの詳細な知識を教授するよりも、東南アジアを歩くことの面白さを伝えることが第一の義務だと考えている。学生たちが自分の足で東南アジアを歩く過程で生じる疑問を、みずからあきらかにしていく過程にこそ、真の学習があると信じている。だからこそ、一度ならず学生をつれて東南アジアを旅行してきたわけである。しかし、ことばの問題からか、東南アジアへの知識不足からか、そうしたスタディー・ツアーが、あくまでも「貴重な体験」でおわってしまい、そこからの一歩をふみだせていない現状に少なからず不満も感じていた。そんな反省から、（学生に逃げ道をつくらせない）国内の離島で本格的な調査を指導してみたい、といつの頃からか考えるようになっていた。

その第一歩が、本実習の舞台となった島根県隠岐郡中ノ島・海士町である。２００１年以来、フィールドワーク教育の方法について、いろいろと試行錯誤を重ねてきた。２００９年からは個人史の聞き書きを軸としたものとし、御前崎市（静岡県）や七尾市（石川県）などでも実施してきた。いずれも漁業地域ではあり、わたしの研究とも関係がふかいが、いわゆる離島での実施は今回が初めてのことであった。[3]

個人による調査とはことなり、実習では20名ちかくの集団がドヤドヤと当該地域をおとずれることになる。当然そこには地域社会との交流ももとめられる。そんな交流をコーディネートしてくれる現地の受入態勢が必須条件となる。今回の実習をコーディネートしてくれたのは、海士町を拠点にまちづくりを推進する株式会社巡の環であった。巡の環の阿部裕志代表と最初にお会いしたのは、２０１１年９月にＮＰＯ法人ＥＴＩＣ．が開催した社会起業とインターンシップのシンポジウムであった。２０１１年度、わたしは株式会社御祓川（七尾市）とともに、内閣府の補助金をうけ、「社会的企業人材創出・インターンシップ事業」を七尾市で実施した。その事業の関係者がつどうシンポジウムに阿部さんも参加していたのであった。実習のあらましを説明したうえで、「今度、行かせてください」と一方的にお願いしたことを覚えている。

❖調査実習の課題と可能性

実習をおこなうにあたり、昨年度までの実習をふりかえったうえで、（一）学生が主体的に参加することと、（二）実習を体験学習から一歩前進させること、の２点の課題をかかげておいた。[4]（一）については、学生の回想記にあるように大学院生の阿部朱音さんと学部生の祖父江智壮くんを中心に、参加者が自主的にうごいてくれ、目的を達成できたことに感謝している。もっとも、阿部さんと祖父江くんの尽力のみならず、18名中9名が過去の実習の経験者であることが大きく作用している（なかには2年生の時から毎回参加してくれ、今回が3回目というベテラン・リピーターも3名もいた）。

聞き手である学生が、聞き書き当日まで語り手さんのことがわからずに落ちつかなかったのと同様に、語り手さんも聞き手である自分たちのことがわからないと不安がるのではなかろうか、との配慮から、事前に班ごとの自己紹介を顔写真とともに語り手さんに送ったのは、まさにリピーターならではの発案であった。実際、このことにより、語り手と聞き手の距離感を縮めることができたようである。実習の質を高めていくには、経験にねざした、こうした些細な工夫がものをいう。この意味でも、リピーターたちの貢献には、素直に感謝したい。

こうした学生と巡の環とのコミュニケーションを担ったのは、祖父江くんである。前年度までの反省は、全員は無理でも、少なくとも班長さんは、事前に実習地を訪問しておくべきだ、ということであった。この反省から、阿部・祖父江ほかの計3名は、わたしとともに6月に海士町を訪問し、巡の環をはじめ実習関係者に面通しするとともに海士町の雰囲気に触れることができた。このことは、学生が事前に海士町についての予習をする際にも、巡の環と実習プランを具体的に議論する際にも、わたしの介在・介入を必要としない効果を生んだ。もちろん予算的負担は増大するが、実習地の事前訪問は、学生の主体性を高め、実習の質を向上させるのは必要な工程であることを痛感させられた。

ふたつめの課題については、残念ながら、いまだ納得できる結果は出せていない。その理由のひとつは、本科目が国際文化学科全体にひらかれたものであるということにもある。というのも、阿部さんと祖父江くんをふくむ7名は、わたしのゼミに所属しているため、日頃のゼミでも実習を念頭にした教育が可能である。むしろ、実習のためにゼミ活動をおこなっているとさえいえる。たとえば、２０１２年度前期には、『宮本常一著作集』のうち第1期25巻を読破し、宮本なりの離島や日本社会についての問題意識も学習することができた。

しかし、ゼミ生以外の11名のなかには、「フィールドワーク」なるものを体験してみたいという動機から参加している学生がいてもおかしくないし、科目の性格からして、むしろそうした学生を歓迎すべきでもある。そうである以上、そうした学生に「『宮本常一著作集』を読破せよ」などと強要することは無謀であり、暴力的でさえある。こうした実習を契機として、学生たちが「離島社会は日本社会の縮図であり、離島がかかえる問題は列島全体の問題である」ことを理解し、社会問題に関心をもつようになってくれれば、実習もひとまずは成功といえるのではなかろうか。

さらには、今回は巡の環のおかげで、随所に自己啓発の工夫が用意されていたことも、合宿形式の調査実習をより多面的なものにしてくれた。たとえば、実習をはじめるにあたり、実習に期待すること・学びたいことを確認する「マインドセット」をおこなったうえで、最終日の「ふりかえり」においてマインドセット時に設定した目標の達成度を確認したうえで、実習で獲得した学びを明日からの生活のなかでいかに実践していくかを問うてくれたのである。恥ずかしながら、これまで10年以上にわたり調査実習をおこなってきたが、あくまでも調査に直結する技術的指導しかなしえず、こうした調査者の内面を動機づける自己啓発の指導などは想像だにできなかった。

これから実社会に出ていく学生にとっては、海士町でたくましく、かつゆたかに生きている人びとの生き方を傍観するだけではなく、「自分も自身の将来を変えていけるんだ」というシンプルな事実に気づかせてくれたことは、大きな発見であったにちがいない。そうした発見こそが、本実習の目的でもある社会矛盾を追及する原点となるはずであるし、ひとりひとりが意識的に行動していくことからしか社会の変革はのぞめないからである。こうした教育的視座を実習に導入してくれた意味においても、企業から、ＮＰＯ、学生までを対象とする研修を実践してきた巡の環の実践力に感謝する次第である。

今年の調査実習は、わたしにとっても楽しく、かつ実りおおいものであった。この報告書の出版をもって今年度の調査実習を無事に閉じることができることを、心よりうれしく思っている。最後に語り手のみなさんをはじめ、巡の環、海士町役場のみなさん、そのほか実習を支援してくれた方々、参加者のみなさんにお礼もうしあげたい。ありがとうございました。

［1］瀬戸山玄、２００８、「世のなか食のなか２　民宿の味」、『暮らしの手帖』10－11月号（№36）、86－91頁。
［2］２０１１年度の調査実習をおこなった能登島（石川県）は、もとは離島振興法の指定地であった。しかし、１９８２年に能登島と本州をつなぐ能登島大橋が開通した２年後の１９８４年に離島振興法の指定から解除されている。また１９９９年には「ツインブリッジのと」の愛称をもつ中能登農道橋も開通し、現在、能登島は、２箇所で本州とつながっている。
［3］同シンポジウム「日本における里海概念の共有と深化」の要旨は次のサイトでダウンロード可能である。また、同シンポジウムの報告は、企画者の鹿熊信一郎が、「里海の課題―里海とはどのようなものか？　どうすれば里海をつくれるか？」という論考をまとめている（『地域研究』8: 1-16, 2011）。http://www.kankyosei.jp/materials/satoumiyousi209109.pdf
［4］赤嶺淳、２０１２、「臨地教育への「聞き書き」実践」、赤嶺淳・森山奈美編『島に生きる―聞き書き　能登島大橋架橋のまえとあと』、グローバル社会を歩く②、グローバル社会を歩く研究会、１８０－１８８頁。

参加者一覧（五十音順・敬称略）

語り手

柏谷猛
桑本千鶴
竹川浩治
増谷実香
勇木史記
渡辺祐一郎

聞き手

阿部朱音
上田紗有季
大賀由貴子
大高翔一
小山夏実
胡浩
五味春香
斉藤みなみ
柴田沙緒莉
仙石エミ
祖父江智壮
玉木沙織
津田成美
林あかね
平田結花子
藤田佳那
村井佳奈
森美穂

指導

赤嶺淳
佐野直子

協力者

梅原文雄
隠岐自然村
（深谷治、近見芳恵）
佃稔
村尾茂樹

コーディネーター

巡の環

＊本書に登場する語り手の肩書き、年齢等は、二〇一二年八月の聞き書き当時のものです。

シリーズ「グローバル社会を歩く」の刊行にあたって

このたび、「グローバル社会を歩く」と銘打ったシリーズとして、調査報告集を刊行することとなりました。そもそも「グローバル社会を歩く」は、名古屋市立大学・大学院人間文化研究科の「グローバル社会と地域文化」に所属する教員有志ではじめた研究会です。わたしたちは、文化人類学、社会学、社会言語学、地域研究を専門とする教員で構成されています。おたがいが研究対象とする地域も北米、中国、ヨーロッパ、東南アジア、日本とバラバラです。共通点は、ただひとつ。みながフィールドワークを研究手法に据えているということです。

現代が、モノ、情報、資本の往来するグローバル化時代であることは、いうまでもありません。世界が小さくなったといわれる今日、地域社会はどのような問題を抱えているのでしょうか？　こうした素朴な疑問にこたえるために、二〇一〇年、わたしたちは「グローバル社会を歩く」という研究会をたちあげました。

フィールドワークは、「歩く・見る・聞く」と表現されることがあります。名言、そのものです。しかし、わたしたちが研究会の名称に託した「歩く」には、別の意味もこめられています。それは、ただ単にフィールドを「歩き」、観察するだけではなく、フィールドの人びとと一緒に「歩む」ということです。研究成果の地域還元について真摯にとらえたい、という意思表示なのです。

この調査報告シリーズでは、地域社会での生活変容を具体的に記録することを一義的に考えています。つたない報告書ではありますが、フィールドワークで得た生の声を届けることから、わたしたちの「歩み」をすすめたいと存じます。みなさまからのご批判をお待ちしています。

二〇一一年十一月

グローバル社会を歩く研究会

監修者紹介

赤嶺　淳（あかみね・じゅん）

一橋大学大学院社会学研究科・教授。専門は海域世界論、食生活誌学、フィールドワーク教育論。おもな著作に『ナマコを歩く』（新泉社、2010年）、『グローバル社会を歩く』（編著、新泉社、2013年）がある。

編者紹介

阿部裕志（あべ・ひろし）

2008年1月、海士町へ移住し、株式会社巡の環を仲間と共に設立。地域づくり事業、教育事業、メディア事業を展開する。2011年4月より海士町教育委員に就任。おもな著作に『僕たちは島で、未来を見ることにした』（共著、木楽舎、2012年）がある。

祖父江智壮（そぶえ・ともたけ）

名古屋市立大学・人文社会学部国際文化学科の学生として調査実習の学生代表をつとめる。現在は総合商社に勤務。

グローバル社会を歩く⑤

海士《あま》伝　隠岐に生きる――聞き書き　島の宝は、ひと

2013年2月15日　初版第1刷発行
2016年5月31日　初版第2刷発行

監修　赤嶺　淳
編者　阿部裕志・祖父江智壮
発行　グローバル社会を歩く研究会
〒467-8501　名古屋市瑞穂区瑞穂町山の畑1
名古屋市立大学・大学院人間文化研究科
Tel 052-872-5808　Fax 052-872-1531
発売　株式会社　新泉社
〒113-0033　東京都文京区本郷2-5-12
Tel 03-3815-1662　Fax 03-3815-1422　振替・00170-4-160936番

ISBN 978-4-7877-1304-9　C1339